やさしく学ぶ

データ分析に必要な

統計の教科書

羽山 博
Hiroshi Hayama

JN204213

インプレス

はじめに

　ここ数年、統計学がちょっとしたブームになっているようです。関連の書籍も数多く出版されています。理由は、端的に言えば「役に立つ」からですが、もちろん、それだけではありません。「ものの見方を変えてくれる」とか「本質を見極める洞察力が養える」からでもあります。つまり、統計学を学ぶことによって、自分がいい方向に変わる実感が得られるからです。

　統計学は成長のための強力なツールです。コンピューターのない時代、多くの計算を必要とする統計学は、一部の人にしか使いこなせませんでした。しかし、今の私たちにはExcelなどの便利な道具があります。考え方さえ理解できれば、簡単に分析や予測ができるのです。もはや、統計学を利用しない手はありません。

　統計学に必要なのは、特殊な才能ではなく、常識とうまく付き合うことです。今ある情報だけでも、ていねいに筋道を立てて考えればきちんと分析ができます。ただし、先入観や思い込みに惑わされてはいけないということに注意が必要です。

　そのため、この本では、計算方法だけでなく、データの見方や特徴のとらえ方、分析の考え方、手法の適用場面、意外な落とし穴などを詳しく説明しています。そういったことを通して、統計学をより身近に感じるとともに、ビジネスなどでの利用に手応えを感じていただけるようになれば幸いです。

　最後になりましたが、この本を世に出す機会をくださった株式会社インプレスできるビジネス編集部の藤井貴志編集長、井上薫デスク、企画・編集のすべてにわたって大変お世話になった編集担当の平田葵さん、美しく見やすい紙面やカバーをデザインしてくださった大場君人さん、すてきなイラストを描いてくださった須山奈津希さん、そのほかご尽力くださった皆さまに感謝の意を表します。

2018年6月　羽山　博

目次

はじめに　*002*

練習用ファイルについて　*009*

登場人物の紹介　*010*

第 **1** 章

データ分析のための鉄板のルールとは
分析の目的・データの形式

第 1 章をはじめる前に　*012*

1-1 目的の明確化がデータ分析を成功に導く　*014*
　　　　目的を明確にすると、データ分析の方法が決まる　*014*

1-2 分析の目的に合ったデータ分析の手法を知ろう　*017*

1-3 収集したデータを適切な形式で入力しよう　*021*
　　　　調査票のデータを入力するには　*023*
　　　　● アンケート調査の「落とし穴」に要注意！　*025*
　　　　伝票形式のデータは「頭書き」と「明細」に注目！　*026*
　　　　● 統計で使われるデータの形式　*028*

第 **2** 章

データ分析はビジュアル化からはじめよう

度数分布表・ヒストグラム

第 2 章をはじめる前に 032

2-1 データを区切ると全体像が見える〜度数分布表の作成〜 034

まずは、「階級」を設定しよう 036

度数を求めて、度数分布表を完成させよう 041

● 一瞬にして度数分布表を作成する関数 043

2-2 分布を視覚化して特徴をつかもう〜ヒストグラムの作成〜 045

Excel 2016 以降でヒストグラムを作成するには 046

Excel 2013 以前でヒストグラムを作成するには 048

● 階級の設定によってヒストグラムの印象が変わる 050

第 **3** 章

ライバルとの差は数値で示せ

平均値・中央値・標準偏差・分散

第 3 章をはじめる前に 052

3-1 代表値を使って集団の特徴を数値で表そう 054

評価の違いを平均値で比較する 054

性別によって評価がどう違うかを見る 056

● 平均値にも種類があるってほんと？　058

中央値が代表値にふさわしい場合もある　059

最頻値も代表値として使われる　062

3-2 グラフ化による視覚化の落とし穴　064

グラフは目盛の取り方により印象が変わる　064

● グラフの背後に隠されているものを見る　068

● ピボットテーブルでも平均値を求められる！　070

3-3 分布の形から集団の性質を読み取ろう　071

平均値と中央値を比較して分布の偏りを知る　071

歪度を求めて、分布の偏りを数値で表す　073

尖度を求めて、分布の散らばり具合を知る　076

3-4 分布の散らばり具合を数値で表してみよう　078

標準偏差を求めて分布の散らばり具合を知る　078

分散や標準偏差ってどういう意味？　080

標本分散と不偏分散、標本標準偏差と不偏標準偏差の違い　086

ある程度の幅を持たせて平均や分散を推定するには　089

第 4 章

レベルアップの出発点は
自分の位置を知ることから

順位・偏差値・ABC分析

第 4 章をはじめる前に　094

4-1 平均と標準偏差を元に評価の基準を確認しよう　096

データがなくても順位が分かる!?　096

- 離散分布と連続分布　*101*

異なる分布の間で位置を比較するには　*103*

- 正規分布に含まれる値の範囲　*106*

4-2 順位や範囲を求めて目標設定に役立てよう　*107*

順位を求めたり比較したりするには　*107*

成績上位に入るためには何点必要？　*112*

四分位範囲や外れ値を知る　*116*

4-3 全体に占める割合を元にターゲットをつかもう　*121*

割合を求めて視覚化する　*121*

重点項目の洗い出しには「ABC分析」が役立つ　*124*

第 **5** 章

関係から問題解決の糸口を得る
相関関係・回帰分析・重回帰分析

第5章をはじめる前に　*128*

5-1 関係の強さを視覚化したり数値化したりしよう　*130*

面積と家賃の関係を分析するには　*130*

相関係数を自分で計算してみる　*135*

相関係数を利用するときの2つの留意点　*140*

人気と実力の関係を順位相関で知る　*142*

- 尺度のいろいろ　*144*

5-2 回帰分析による予測を行ってみよう　*145*

面積から家賃を予測するには　*145*

- 相関係数と回帰式の係数は異なるもの　*150*

5-3 重回帰分析による予測を行ってみよう *151*

駅歩と築年数、面積から家賃を予測するには　*151*

重回帰分析の係数や定数項を求めるには　*154*

重回帰分析を利用するときの留意点　*156*

名義尺度を重回帰分析で使うには　*160*

第 **6** 章

トレンドと季節変動から未来を予測する

時系列分析

第 6 章をはじめる前に　*164*

6-1 トレンドと季節変動を見つけて売上予測に役立てよう　*166*

時系列データは「折れ線グラフ」が基本　*166*

時系列分析により将来の値を予測するには　*168*

第 **7** 章

数値の差に本当に意味があるのかを見極める

平均値の差の検定・分散の差の検定

第 7 章をはじめる前に　*178*

7-1 商品の評価に差があるかどうかを検定しよう *178*

対応のあるデータの平均値の差の検定 *180*

検定の進め方を見てみよう *182*

対応のないデータ（等分散）の平均値の差の検定 *187*

対応のないデータ（非等分散）の平均値の差の検定 *190*

仮設検定のしくみを理解しよう *193*

● 中心極限定理はさまざまな手法の基礎 *202*

7-2 母集団が正規分布していない場合の平均値の差の検定は？ *204*

中央値の差を検定してみよう *204*

7-3 商品の評価の散らばり具合に違いがあるかどうかを検定しよう *209*

分散の差を検定してみよう *209*

● 分散の差の検定と平均値の差の検定 *214*

第 **8** 章

予測に役立つのはどの要因かを見極める

独立性の検定・相関の検定・重回帰分析の検定

第 8 章をはじめる前に *216*

8-1 性別によってインターネット広告の影響力は異なるのかを知ろう *218*

性別と広告利用の関係をクロス集計表にまとめるには *218*

カイ二乗検定により性別と広告利用の関係を知る *223*

カイ二乗検定の留意点 *227*

8-2 物件の広さと家賃に相関があるかを検定しよう *229*

相関があるかどうかを検定するには *229*

8-3 物件情報から家賃を説明できるのかを検定しよう　**232**

回帰式の当てはまりのよさを検定するには　**232**

回帰式の係数の有効性を検定するには　**235**

エピローグ　237

付録
さらなる分析のために　238

用語集　240
索引　250

読者アンケートのお願い　254

著者プロフィール　255

📁 練習用ファイルについて

本書で使用する練習用ファイルは、弊社 Web サイトからダウンロードできます。
また、本書の内容に関連のある事柄や発展的な事柄についても、解説ファイル
を用意してあります。
練習用ファイルと書籍を併用すれば、より理解が深まります。

▼練習用ファイルのダウンロードページ
https://book.impress.co.jp/books/1117101117

登場人物の紹介
character

上北沢 勉（かみきたさわつとむ）

綱島ことり（つなしまことり）

市川 学（いちかわまなぶ）

できる製菓株式会社の営業企画部勤務（24歳、入社3年目）。地元のS大学経済学部を平凡な成績で卒業。仕事に関してはまだまだ新人の域を出ないが、同期との付きあいだけはいい。自称、社内フットサルチームのエース。しかし、実際には足を引っ張っている。

できる製菓株式会社の経営企画室リーダー。ツトムくんの先輩ではあるが年齢は不詳。ことりという名前からは想像できないほど大胆な一面を見せることもある。名門T大学人間科学部を首席で卒業。趣味はギャンブル全般で、かなりの理論派らしい。

できる製菓株式会社の営業企画部部長（44歳）。ごく平凡な青年だったが、かつて、綱島ことりの伯母である綱島久美に統計を教わって以来、「本質を見抜くこと」を大切にしている。努力家ではあるが、趣味のギターは何年経っても上手くならない。

本書のあらすじ

　できる製菓では毎年社内論文コンテストを開催しています。市川部長から応募を命じられたツトムくんは「できる製菓の質的向上に向けて」という意味不明なタイトルだけはひねり出したものの、何から手を付けていいか途方に暮れています。それを見かねた部長は、「会社より、ツトムの質的向上が先決だな」と、データ分析のエキスパートであることり先輩を紹介してくれました。こうして、データ分析の考え方や使い方を身に付けるツトムくんの一週間が始まりました。

第 1 章

データ分析のための鉄板のルールとは

分析の目的・データの形式

STORY

個人や企業の価値を高めるためには、現状と環境をきちんと把握する必要があります。データの収集や分析はそのための有力な手段です。しかし、ツトムくんはまだデータ分析以前の段階で立ち往生しているようです。そこで、データ分析に取り組むための出発点を明確にしておきましょう。

第1章を
はじめる
前に

Q

データ分析の出発点は？

　データを収集し、分析することの重要性については、誰もが理解しているでしょう。また、データ分析には何らかの目的があることも何となく理解できるでしょう。当然のことながら、目的があやふやなまま集計表やグラフを作っても、的外れな分析になってしまいます。では、その目的とはどのようなものでしょうか。また、目的にたどり着くためにはどのように作業を始めるといいのでしょうか。

まずは目的とデータの形式を見極めよう！

　目的にはレベルがあり、階層的な構造になっています。階層を明確にし、下位の目的を洗い出せば、どこから手を付けていいかが分かります。さらに、目的を達成するためにどのような表やグラフを作ればいいかも分かります。一方、作業の流れから見ると、分析はデータの入力から始まります。その際、重要になるのがデータの形式です。どのような形式でデータを入力すればいいのかを確認しておきましょう。

1-1 目的の明確化がデータ分析を成功に導く

　データ分析には目的があります。例えば、売り上げを上げる、重点商品を決める、注力すべき顧客をピックアップする、経費を節減する、残業時間を減らす、などが挙げられます。しかし、「目的」と、収集したデータがどうつながるのか、実感が湧かないという人も多いのではないでしょうか。

　例えば、「売り上げを向上させる」という目的に対して、「インターネットの利用調査データがどう役に立つのか？」と聞かれても、なんとなく役に立ちそうだといった程度の印象しか持てないのではないでしょうか。

　収集したデータから、目的に至るまでには、深くて暗い谷があるようです。

　では、どうすればいいのでしょうか。少し回り道になりますが、重要なことなので確認しておきましょう。

「目的」って、旅行に例えれば「行き先」にあたるもの。どこに行くのか、そのためにはどこを経由するのかを確認しておく必要があるよね。

目的を明確にすると、データ分析の方法が決まる

　実は、**目的には階層関係があります**。つまり上位の目的と下位の目的があります。最初に、いくつかの目的を列挙しましたが、どれが上位でどれが下位かを少し考えてみてください。

　いかがでしょうか。例えば、「売り上げを向上させる」というのが上位の目的で「重点商品を決める」「注力すべき顧客をピックアップする」というのが下位の目的になっていることが分かります。また、「経費を節

減する」が上位の目的で「残業時間を減らす」というのが下位の目的になっています。言葉で表すだけでなく、階層図のようなものにしておくといいでしょう。

図表 1-1　目的の階層

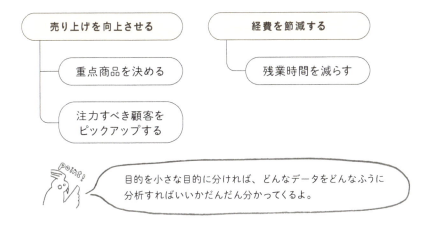

細かく考えると、「重点商品を決める」「注力すべき顧客をピックアップする」も「経費を節減する」の下位に位置付けられるかもしれません。また、「売り上げを向上させる」「経費を節減する」の上位には「利益を拡大する」という目的があるかもしれません。また、目的は数値目標として明確に示されていることもあるでしょう。

しかし、この段階で厳密な構造を作り上げようとすると「悩みモード」に入ってしまって時間を浪費します。見通しをよくすることが重要なので、整合性のとれないところがあっても、大勢に影響がないレベルであれば気にしなくても構いません。

このように、目的を構造化すると、**上位の目的を達成するためには、下位の目的をまず達成すればいい**ということが分かります。もちろん、図表 1-1 のように整理した目的をすべて達成することはできないので、最優先で取り組むべきものはどれか、目的の絞り込みを行います。例えば

「やるべきことはいろいろあるが、売り上げを向上させること、そのためには、重点商品を決めることが最も重要だ。だから、まずはそれについて分析を進めよう」といった具合です。

図表1-2　目的の絞り込み

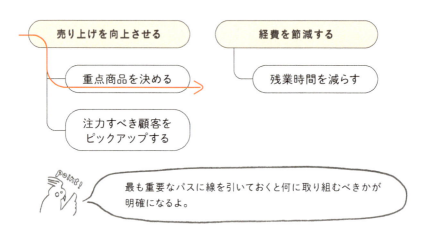

　目的の絞り込みができたら、取り扱い商品の中でどの商品が売り上げの大部分を占めるか、逆に売り上げに貢献できていない商品はどれか、さらには、どのような人がどのような経路で商品を購入しているか、といったことを調べる必要があることが分かります。そこまで分かれば、どういったデータを収集して、どう分析すればいいかが見えてきます。

　そういうわけで、目的とデータの乖離を埋めるために、まず、目的を下位の目的に分けてみましょう。これで、目的がデータに近づいてくれます。

1-2 分析の目的に合った データ分析の手法を知ろう

　データ分析の目的を細かく砕いていくと、何をすべきかが明らかになってきます。つまり、データ分析に直結した目的が見えてきます。例えば、以下のようなものです。

・全体像を見たい
・位置を知りたい
・割合を見たい
・比較したい
・変化を見たい
・関係を知りたい
・予測したい

　このような**目的が見えてくれば、それに合ったデータの加工方法がどのようなものであるかが決まってきます**。それらをひと通り見ておきましょう。

　これから紹介する内容は、この本のビジュアルインデックスにもなっています。必要や興味に合わせて、目的のページに進んでもらっても構いません。

難しい用語は気にせず、どんな目的のためにどんな表やグラフが作られるのかをざっと眺めておくだけでいいよ。

これまでよく考えてなかったので、作ってからヘンなグラフだなぁって思うこともありました。目的を意識しなくちゃですね。

● 図表1-3　目的に合ったデータ分析の手法

目的	値・表・グラフ	参照ページ
集団の全体像を見る	度数分布表、ヒストグラム ◆ヒストグラムの例 インターネット利用時間の分布	第2章 ・方針の決定、戦略の立案　▶P.050 ・イレギュラーなデータの発見　▶P.050
データを要約する	平均値、中央値、標準偏差などの統計値 ◆各種統計値の例 　　　　　　できるサプレ　他社サプレ 平均値　　　6.35　　　　6.10 標準偏差　　2.207　　　1.165 中央値　　　7　　　　　　6	第3章 ・集団の特徴を知る 　　　　　平均値 ▶P.054 　　　　分布の形 ▶P.071 　　　標準偏差 ▶P.080 ・位置を知る、比較するといった分析の基礎データとして使う 　　　　　　　▶P.054
規模の可視化、比較	棒グラフ ◆棒グラフによる比較の例 お菓子の食べ比べの結果	第3章／第4章 ・客観的に評価する 　　　　　　　▶P.064 ・他者と比較する 　　　　　　　▶P.066

目的	値・表・グラフ	参照ページ
位置や範囲を知る	偏差値、四分位数、パーセンタイル値、箱ひげ図 ◆箱ひげ図の例	第4章 ・全体の中での位置を知る　▸P.096　▸P.107 ・異なる集団で位置を比較する　▸P.103 ・イレギュラーなデータの発見　▸P.118
全体に占める割合を見る	円グラフ、パレート図 ◆パレート図の例	第4章 ・重点項目の洗い出し　▸P.121 ・項目のランク付け　▸P.124
関係を知る	散布図、相関係数 ◆散布図の例	第5章 ・増加や減少などの傾向を知る　▸P.130 ・関係の強さを知る　▸P.133

目的	値・表・グラフ	参照ページ
関係を元に予測する	回帰分析、重回帰分析 ◆重回帰分析の例（家賃を予測） 重回帰分析による予測 駅歩　築　面積　家賃 10　10　20　7.36	第5章 ・さまざまな値の組み合わせにより、結果がどうなるかを推測する　▶P.145
時間的な変化を元に予測する	時系列分析 ◆時系列分析の例 できるアイスもなか出荷数の推移	第6章 ・将来の値を予測する　▶P.166 ・周期的な変化を知る　▶P.168
分析に根拠を与える	検定 ◆平均値の差の検定の例 お菓子の食べ比べへの結果　t検定 サンプル　性別　できるサブレ　他社サブレ　片側確率 1 F　2　7　0.3288 2 M　3　8 3 F　8　4 4 M　7　5 5 M　7　6 6 F　3　5	第7章・第8章 ・平均値に差があるかどうかを知る　▶P.180 ・散らばり具合に差があるかどうかを知る　▶P.209 ・カテゴリ間に関連があるかどうかを知る　▶P.218 ・複数の要因に関係があるかどうかや予測の当てはまりがよいかを知る　▶P.229

Note

これらの表やグラフは Excel で作成したものです。練習用ファイルにすべて含まれています。
また、関連する内容や高度な分析方法を解説した文書も含めてあるので、ぜひ参考にしてください。

1-3 収集したデータを
適切な形式で入力しよう

　1-1 節では、データ分析にどう取り組むかを「目的」から見てきました。ここでは、逆に、目の前にあるデータから、データ分析へのアプローチを考えてみましょう。

　例えば、ある会社の従業員の年収に関するデータというのはどのようなものでしょう。一例として🔶図表1-4 のようなデータが考えられます。

🔶 図表1-4　ある会社の年収データ

年齢	平均年収
50-59	8,780,000
40-49	6,550,000
30-39	4,680,000
20-29	2,122,308
平均	4,504,333

　これを年収データと呼んでも、多くの人はさほど疑問を感じないでしょう。しかし、このような表は、データそのものではなく集計した結果です。元のデータは🔶図表1-5 のようなものです。

🔶 図表1-5　年収を集計するための使った元のデータ

社員番号	年齢	年収
7910001	59	10,200,000
7910002	59	9,400,000
8020010	58	8,400,000
⋮	⋮	⋮

データを分析するためには、データの形式の違いをあいまいにせず、元のデータがどのようなものであるかを知っておく必要があります。実際には、分析の目的や観点が明確になれば、収集するデータの形式もほぼ決まりますが、Excelなどのソフトウェアを使って分析を行うためには、**分析に適した形式でデータを入力することが作業の出発点**となります。

　では、データの形式とはどのようなものでしょうか。

　実は、基本的な考え方はとても簡単です。この本ではExcelを利用することを想定していますが、Accessなど、ほかのアプリケーションプログラムを使う場合でも同じです。

　1件のデータを1行に入力する。

　たったのこれだけです。

　ただし、「1件のデータ」が何を指すのかがきちんと理解できていないと、データを正しく入力できません。そこで、具体的な例を見ながら、「1件のデータ」とは何かを確認し、データを入力してみましょう。

目の前のデータは、旅行に例えれば「出発点」にあたるもの。出発点が分かれば、次にどこに行けるかが分かるよね。

なるほど、旅行と同じなんですね。行き先と出発点の両方をはっきりさせておくってことですね。

そう。目的っていうのは「何が欲しいか」ってこと。そのために「何が利用できるか」っていうのが出発点となる目の前のデータだね。スタートが肝心だよ。

調査票のデータを入力するには

次のような調査票を使って「インターネットの利用時間」に関するアンケートを取った場合を考えてみましょう。

🍃 図表1-6　収集したアンケートの調査票（人数分）

インターネット利用時間に関するアンケート

No. 36

性　　別：男性・女性

年　　齢：45 歳

利用時間：120 分

> 調査票1枚が1件の
> データにあたる

この場合、調査票1枚が1件のデータにあたります。つまり1人分の調査結果が1件のデータです。1件のデータに「No.」「性別」「年齢」「利用時間」という項目があることも分かります。このような、1件のデータを1行ずつ入力すればいいというわけです。

統計レシピ

調査票のデータを Excel のワークシートに入力するには

方　法	1件のデータを1行に入力する
留意点	アンケート調査などのデータでは、1枚の調査票に1件のデータが記録されている。ただし、項目数が多い場合は複数枚の調査票に1件のデータが記録されていることがある

実際にワークシートに入力したデータが次の画面です。アンケート用紙の内容と見比べて、1行にどのような項目があり、どのようにデータが入力されているかを確認しておきましょう。

🍊 図表1-7　1件のデータは1行に入力する

	A	B	C	D	E
1	インターネット利用時間調査(1日当たり)				
2					
3	サンプル	性別	年齢	時間(分)	
4	1	F	55	55	
5	2	M	34	24	
6	3	F	22	240	
7	4	F	53	99	
8	5	M	53	154	
9	6	M	28	98	
10	7	M	47	174	
11	8	M	46	203	
12	9	F	71	49	
13	10	F	40	78	
14	11	F	83	24	
15	12	M	31	184	
16	13	M	26	207	
17	14	M	64	126	
18	15	M	71	81	
19	16	M	16	124	
20	17	F	13	215	

> ある22歳の女性は一日あたり240分インターネットを使っている

> 調査票のデータを1行ずつ入力していく

> サンプルは1件1件のデータに付けた番号、Fは女性(Female)、Mは男性(Male)の略だよ。

　🍊図表1-6のアンケートのように項目数が少ない場合には、1枚の調査票に1件のデータが記録されています。しかし、国勢調査のように項目数が多い場合には、何枚かの調査票の内容が1件のデータになることもあります。なお、**サンプルとは全体から取り出した個々のデータのことで、標本とも呼びます**。

　いずれの場合も、**個々の調査データが1件のデータになる**わけです。

知識が深まる！ アンケート調査の「落とし穴」に要注意！

　アンケート調査の結果は数値で表されるので、根拠のはっきりしない主観的な主張と異なり、信頼できるものと思われます。しかし、調査の方法によっては実態を反映していない結果が得られることも多いので注意が必要です。本書のデータは架空のものなので、そういった判断は保留にしてありますが、例えば、ビジネス街で実施したアンケートとファッション街で実施したアンケートでは結果が違ってくる可能性が大です。住宅街だとさらに異なる結果になるかもしれません。そもそも、アンケートに答えてくれる人と答えてくれない人で違いがあるかもしれません。多数のデータを集めたいからといって、インターネットでアンケートを取ると、パソコンやインターネットの使い方に慣れた人の回答しか得られなかったり、興味のない人からは回答がもらえなかったりする可能性もあります。

　こういったサンプルの偏りをバイアスと呼びます。調査する場合にも、分析結果を読み解く場合にもバイアスには十分に注意する必要があります。目的があって特定のサンプルを集める場合もありますが、普通はランダムにサンプルを選ぶのが理想的です。

人間って、自分の考えに合うことはよく見えるのに、考えに合わないことは無視してしまう傾向があるよね。そういうのもバイアスだよ。思い込みは禁物だね。

伝票形式のデータは「頭書き」と「明細」に注目！

　売上伝票のような伝票形式の帳票には、1枚の帳票に複数件のデータが記録されています。この場合、何が1件分のデータにあたるのでしょうか。結論から言うと、**1つの明細が1件のデータにあたる**のですが、取り扱いにはお決まりの方法があるので、具体的な例で見てみましょう。

統計レシピ
伝票形式のデータを Excel のワークシートに入力するには

方　法	伝票の1つの明細を1件のデータとして入力する
留意点	伝票の共通部分はすべての行の先頭に入力する

　以下の例では、簡略化するために商品コードや消費税などを省いてありますが、売上伝票はだいたいこのような形式になっています。ここでは、**頭書きの部分と明細の部分に分かれている**ことに注目してください。

● 図表 1-8　売上伝票のイメージ

伝票の頭書きの部分には伝票番号や日付、得意先名などが書かれています。これらは、1回しか書かれていませんが、すべての明細に共通するデータです。このような共通部分は明細の最初に入力しておきます。

つまり、◐図表1-9のように、「**共通部分**」+「**1つの明細**」が**1件のデータになる**わけです。

ただし、「金額」は項目として入力しないこともあります。金額の値を保存しておかなくても、「単価×数量」という計算で求められるからです。

◐ 図表1-9　売上伝票は頭書きを左に、明細を右に入力する

	A	B	C	D	E	F	G
1	顧客別商品別売上一覧表						
2							
3	伝票番号	日付	得意先名	商品名	単価	数量	金額
4	101	2018/3/8	できる商事(株)	マーカー黒	150	5	750
5	101	2018/3/8	できる商事(株)	名前ペン	120	4	480
6	101	2018/3/8	できる商事(株)	製図鉛筆	100	2	200

頭書き：A〜C列　明細：D〜G列

頭書き+1件の明細を1行に入力する

なお、伝票の最後にある「合計」も、計算すれば求められるので、1件1件の明細データとして入力することはありません。ちなみに、このように明細の下に書かれている内容は「脚書き」とも呼ばれます。

> これまで「1件のデータ」ってあんまり意識してなかったけど、データの取り扱いが分かると分析しやすくなるような気がしますね。

> まだデータ分析の入口に立ったところだけど、いい感じではじめの一歩が踏み出せそうだね。

統計で使われるデータの形式

Rなどの統計アプリケーションでは、◯図表1-7で見たような形式のデータを、スタック形式のデータと呼びます。スタックとは「積み重ね」のことで、1件1件のデータを各行に積み重ねたような形式になっていることを表します（実際のデータは下方向に入力していきます）。この場合、列は項目名になります。また1件のデータをレコードと呼ぶこともあります。

◯ 図表1-10　スタック形式のデータ（解答用紙の成績を1つずつ記録したもの）

学生番号	科目	点数
1	英語	42
2	英語	56
3	英語	57
4	英語	64
5	英語	71
1	数学	83
2	数学	85
3	数学	66
4	数学	84
5	数学	84

→ 学生番号1番の人が英語の試験を受けたら42点だった

→ 学生番号1番の人が数学の試験を受けたら83点だった

1回の測定データが1行に入力されている

1件のデータとは、1回の測定データのことです。 スタック形式の場合、同じ学生でも英語のテストを受けたときに得られたデータと数学のテストを受けたときに得られたデータとは別の行に入力します。つまり、英語の答案用紙から得られた成績が1

件のデータで、数学の答案用紙から得られたデータがもう1件のデータとなるわけです。

　スタック形式の場合、同じ人の英語の成績と数学の成績を利用するには、表の中をあちこち探す必要があり、取り扱いがやや面倒です。とはいえ、高度なデータ分析のためにはスタック形式でないといけない場合もあります。

　一方、列方向に各データのカテゴリーを記述したような形式のデータを、アンスタック形式と呼びます。つまり、アンスタック形式のデータはクロス集計表に似たような形になります（ただし、集計はされていません）。

🔸 **図表 1-11**　**アンスタック形式のデータ**（科目を表す文字列をカテゴリーにしたもの）

学生番号	英語	数学
1	42	83
2	56	85
3	57	66
4	64	84
5	71	54
6	71	71
7	72	70
8	74	79
9	74	94
10	77	67

学生番号1番の人が英語の試験を受けたら42点、数学の試験を受けたら83点だった

複数の測定データが1行に入力されている

029

🍂 **図表1-11** は1人の学生の成績が1行に入力されているので、スタック形式じゃないのか、と思われるかもしれません。確かに、1行に1件のデータが入力されているように見えますが、スタック形式における1件のデータとは、1人分のデータという意味ではないことに注意してください。あくまでも、1回の測定データが1件のデータとなります。

　🍂 **図表1-11** のようなアンスタック形式のデータでは、同じ人から得られたデータが1行に入力されているので、データの対応がよく分かります。実際、第7章では「対応のあるデータ」というのを利用するのですが、その場合はアンスタック形式のデータの方が取り扱いが簡単です。

　いずれにしても、1件のデータとは何か、1行に入力されている内容は何か、といったことが分かっていれば、どのような場合でも臨機応変に対応できます。

　Excelでは、スタック形式、アンスタック形式という用語を使ってデータの形式を区別することはありませんが、このような知識はデータの取り扱い方を理解するのにとても役立ちます。

　なお、スタック形式のデータは、Excelでは、ピボットテーブルを利用すれば、アンスタック形式のデータに簡単に変換できます（学生番号を［行］に、科目を［列］に、点数を［Σ値］に指定するだけです）。

第 2 章

データ分析は
ビジュアル化から
はじめよう

度数分布表・ヒストグラム

STORY

できる製菓がターゲットとする顧客は若い女性です。商品やサービスをターゲットにちゃんと届けるため、ターゲットの行動を把握することになりました。まず、インターネットの利用調査から顧客の生活を垣間見てみましょう。

第2章を
はじめる
前に

集団の全体像を掴むには？

　10代から90代の男女インターネットユーザーデータ160人を対象に、一日あたりの利用時間を調べたデータを収集しました。1件のデータを1行に入力すればいいので、入力そのものは簡単にできるでしょう。しかし、バラバラに並んだデータをどのように整理すれば、ユーザーの全体像が見えるでしょうか。

度数分布表やヒストグラムの活用がカギ

　集団の全体像を見るには、度数分布表やヒストグラムを利用します。度数分布表は、どの値からどの値までに何人いるか、という頻度（度数）を一覧にしたものです。とはいえ、人数を手作業で数えるのは面倒です。そこで、Excelの関数を駆使して集計することにしましょう。ヒストグラムは度数分布表をグラフ化したものです。

2-1 データを区切ると全体像が見える
～度数分布表の作成～

　これから、データを分析するために、集計やグラフ化などの方法を見ていきます。第一歩は、集団の全体像を見るための度数分布表の作成とヒストグラムの作成です。

　度数とは、データの個数のことです。データがいくつ現れるかということなので「頻度」とも呼ばれます。例えば、社員全員のうち年収が200万円～300万円の人数、点数が70点～80点の学生の人数などが度数にあたります。

　度数分布表は、度数、つまりデータの個数がどんなふうに散らばっているかを表にしたものです。男性の人数は何人、女性の人数は何人、というように、カテゴリーに属する数を表にしたものではなく、ある値の範囲に含まれる数を表にしたものです。この、**それぞれの値の範囲を階級と呼びます**。階級は区間と呼ばれることもあります。

　度数分布表をグラフにしたものがヒストグラムです。ヒストグラムを使って分布を視覚化（ビジュアル化）すれば、全体像が把握しやすくなります。ヒストグラムについては、2-2節で見ることとして、まずは、データの入力からの流れを確認しておきましょう。

> データは1行につき1件ずつ入力するんでしたよね。集計はえーと、あれ？ どうすればいいのかな？

> まず、階級の設定ね。で、その階級に何人いるか、順に数えると度数分布表が作れるよ。

図表2-1　データの入力から度数分布表、ヒストグラムができるまでの流れ

調査票

```
インターネット利用調査　No.1
　性別：女性
　年齢：55歳
　時間：55分
```

↓ 入力

入力データ

```
インターネット利用時間調査(1日当たり)

サンプル　性別　　年齢　　時間(分)
　　1　　F　　　　55　　　　55
　　2　　M　　　　34　　　　24
　　3　　F　　　　22　　　240
　　4　　F　　　　53　　　　99
　　5　　M　　　　53　　　154
　　6　　M　　　　28　　　　98
　　7　　M　　　　47　　　174
```

↓ 集計

度数分布表

より大	以下	人数
0	30	16
30	60	18
60	90	24
90	120	27
120	150	29
150	180	18
180	210	17
210	240	8

↓ グラフ化

ヒストグラム

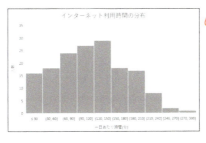

作業の流れを確認したら、度数分布表の作成に取り組もう。

まずは、「階級」を設定しよう

　度数分布表を作るには、階級を設定する必要があります。ここでは、インターネットの利用時間を調べたデータで見てみましょう。なお、これ以降、本書で取り扱うデータはすべて架空のものです。

最小値と最大値を求めて、分布の範囲を知る

　まず、利用時間が何分から何分まで分布しているかを知るために、最小値と最大値を求めます。これらの値はExcelのMIN関数とMAX関数を使えば簡単に求められます。Excelを使える人は、練習用ファイルを使ってぜひ実際に試してみてください。

統計レシピ

分布の下限と上限を知るには

方法	データの最小値と最大値を求める
利用する関数	MIN関数、MAX関数

　インターネットの利用時間はセルD4〜D163に入力されているので、以下のように入力すればいいことが分かります。

ここからExcelを使った操作を見ていくけど、操作そのものだけじゃなく、考え方をしっかり身に付けようね。ゆっくり進めていけばいいよ。

入力例を見ておきましょう。引数の範囲が広いので、マウスをドラッグして範囲を入力するよりも、キーボードから直接「D4:D163」と入力する方が簡単かもしれません。

> 練習用ファイル
> 2_1.xlsx

操作 2-1　最小値と最大値を求める

① 「=MIN(D4:D163)」と入力
② 「=MAX(D4:D163)」と入力

	A	B	C	D	E	F	G	H
1	インターネット利用時間調査(1日当たり)							
2								
3	サンプル	性別	年齢	時間(分)		最小値	最大値	
4	1	F	55	55		10	287	
5	2	M	34	24				
6	3	F	22	240				
7	4	F	53	99				
8	5	M	53	154				

最小値と最大値が求められれば、その間をいくつかに区切れば階級が設定できるよね。

最小値は 10、最大値は 287 だということが分かりました。続いて、この値を元に、階級を設定してみましょう。

階級の幅、階級の数、境界値を求める

　キリのいい数で階級を設定するなら、少し余裕を見て、0より大きく、300以下の範囲で考えるといいでしょう。この場合、階級数を10とすれば、階級の幅は30となります。これらの値には以下のような関係があります。**最小値は「より大きい」という値で、最大値は「以下」の値であることに注意**してください。

統計レシピ

度数分布表の階級の幅や階級数を決めるには

方法
- 階級の幅を求める（階級数が決まっている場合）
  分布の最大値から最小値までを階級数で割る。
  式は以下の通り
  　　　　（最大値 － 最小値）÷ 階級数
- 階級数を求める（階級の幅が決まっている場合）
  分布の最大値から最小値までを階級の幅で割る。
  式は以下の通り
  　　　　（最大値 － 最小値）÷ 階級の幅

　操作2-2のセルG7は、(300 － 0)÷ 10という計算をしているだけです。ただし、最大値と最小値が別の値でも計算できるように、ROUNDUP（ラウンドアップ）関数を使って最大値を切り上げ、ROUNDDOWN（ラウンドダウン）関数を使って最小値を切り下げています。

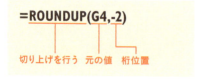

練習用ファイル
2_2.xlsx

操作 2-2　階級数を元に階級の幅を求める

① 「10」と入力

② 「=(ROUNDUP(G4,-2)-ROUNDDOWN(F4,-2))/G6」と入力

	A	B	C	D	E	F	G	H
1	インターネット利用時間調査(1日当たり)
2
3	サンプル	性別	年齢	時間(分)		最小値	最大値
4	1	F	55	55		10	287
5	2	M	34	24
6	3	F	22	240		階級数	10
7	4	F	53	99		階級幅	30
8	5	M	53	154

0 から 300 までを 10 個の階級に分けると、1 つの階級の幅は 30 になるね。単純な割り算だよ。

Tips　切り上げや切り下げの桁数を指定するには

ROUNDUP 関数や ROUNDDOWN 関数に指定する桁数を n とすると、10^{-n} の位を求めるように切り上げや、切り下げが行われます。例えば、0 を指定すると 10^0 の位、つまり 1 の位まで求めることになります。2 を指定すれば 10^{-2} の位、つまり小数点以下第 2 位まで求めることになります。-2 なら 10^2 の位、つまり 100 の位まで求めることになります。

次ページの 操作 2-3 は階級を設定したものです。最初の階級はインターネットの利用時間が 0 分より大きく 30 分以下となり、次の階級は 30 分より大きく 60 分以下となります。最後の階級は、270 分より大きく 300 分以下となりますね。

表を見ると、セル F11 の値（0）が階級の下限となり、セル G11 〜 G20 の値(30 〜 300)がそれ以降の階級の境目の値になっていることが分かります。これらの値が「境界値」です。**境界値に階級の幅を加えると、次の境界値が求められます。**

操作 2-3　階級を設定する

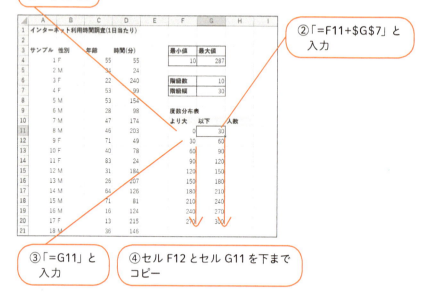

①「0」と入力
②「=F11+$G$7」と入力
③「=G11」と入力
④セル F12 とセル G11 を下までコピー

　セル G11 に入力した数式は「=F11+$G$7」となっています。これは、最初の境界値（セル F11）に、階級の幅（セル G7）を加えるという意味です。「$G$7」はセル G7 を表しますが、列番号と行番号の前に「$」を付けているので、絶対参照になります。絶対参照と相対参照をうまく組み合わせて使えば、数式を適切、かつ効率よくコピーできます。絶対参照と相対参照に不慣れな方は、以下の Tips を参照してください。

Tips　コピーしても数式のセル参照が変わらないようにするには

Excelでは、数式をコピーすると、コピーの方向に合わせてセル参照が変更されます。例えば、「=A1+B1」を下方向にコピーすると行番号が増え「=A2+B2」、「=A3+B3」……という式になります。しかし、セル参照の列番号や行番号の頭に「$」を付けると、数式をコピーしてもセル参照は変更されません。例えば、「=$A$1+B1」を下方向にコピーすると「=$A$1+B2」、「=$A$1+B3」……となります。「$A$1」の方は変化しないというわけです。このように、頭に「$」を付けたセルの指定方法を「絶対参照」と呼び、「B1」のように、列と行だけを指定する方法を「相対参照」と呼びます。

度数を求めて、度数分布表を完成させよう

　階級が設定できれば、あとは度数を求めるだけです。この例では、人数を集計します。利用時間が0より大きく30以下のデータがいくつあるか、30より大きく60以下のデータがいくつあるか……と、順に数えていけば表が埋められます。手作業で数えるのはかなり面倒なので、関数を使いましょう。「〜より大きい」と「〜以下」という2つの条件に合うデータの個数を求めればいいので、COUNTIFS関数（カウントイフエス）が使えます。

統計レシピ

度数分布表の度数を求めるには

方　法	それぞれの階級にあるデータの個数を集計する
利用する関数	COUNTIFS 関数

　COUNTIFS関数に、範囲と条件のペアをいくつか指定すれば、すべての条件に一致するセルの個数が返されます。

　数式がかなり長くなりますが、「D4」と入力して F4 キーを押せば「$D$4」になるので、「=COUNTIFS（D4:D163,">"&F11,D4:D163,"<="&G11)」と入力し、「D4」と「D163」の部分にカーソルを合わせて F4 キーを押せば入力が少しラクになります。

操作 2-4　COUNTIFS 関数を使って度数分布表を作成する

	A	B	C	D	E	F	G	H	I
1	インターネット利用時間調査(1日当たり)								
2									
3	サンプル	性別	年齢	時間(分)		最小値	最大値		
4	1	F	55	55		10	287		
5	2	M	34	24					
6	3	F	22	240		階級数	10		
7	4	F	53	99		階級幅	30		
8	5	M	53	154					
9	6	M	28	98		度数分布表			
10	7	M	47	174		より大	以下	人数	
11	8	M	46	203		0	30	16	
12	9	F	71	49		30	60	18	
13	10	F	40	78		60	90	24	
14	11	F	83	24		90	120	27	
15	12	M	31	184		120	150	29	
16	13	M	26	207		150	180	18	
17	14	M	64	126		180	210	17	
18	15	M	71	81		210	240	8	
19	16	M	16	124		240	270	2	
20	17	F	13	215		270	300	1	
21	18	M	36	146					

①「=COUNTIFS($D$4:$D$163,">"&F11,$D$4:$D$163,"<="&G11)」と入力

②セル H11 を下までコピー

　セル H11 に入力した COUNTIFS 関数では、「0 より大きい」という条件として「">0"」ではなく「">"&F11」を指定しています。「&」は文字列を連結する演算子なので、これは「">"」という文字列と、セル F11 の内容を連結するという意味になります。このようにして、値が変わる可能性のある部分をセル参照にしておけば、値が変わっても数式そのものを変更する必要がなくなります。また、セル H12 以降にも数式をコピーして入力できるので、数式を入力する手間が省けます。

▤ Tips　文字列を連結するには

& 演算子を使います。例えば「="Excel"&"2016"」なら「Excel2016」という文字列が返されます。「=">"&F11」なら、">" という文字と、セル F11 に入力されている文字が連結されます。操作 2-4 の例なら、セル F11 に 0 が入力されているので、「>0」という文字列が返されます。

　度数分布表ができたので、バラバラにしか見えなかったデータからおおよその傾向が見えてきました。ウェブページを作成したり、広告を出したりするには、性別や年齢、利用するサービスなどを精査する必要がありますが、その前段階として、全体像をつかむのには役立ちます。

042

階級の数を決める目安って何？

階級の分け方には決まったルールはありませんが、スタージェスの公式を使えばおおよその目安が得られます。スタージェスの公式は以下のようなものです。

$$1 + \frac{\log_{10}n}{\log_{10}2}$$

（nはデータ数、小数点以下切り上げ）

操作 2-4 の例で、いずれかのセルに「=ROUNDUP(1+LOG10(COUNT(D4:D163))/LOG10(2),0)」と入力すれば、9という値が得られます。ただし、ここでは境界値をキリのいい値とするために10個に階級を分けています。

> 度数分布表を見ると、60分～150分ぐらいインターネットを使う人が多いみたいですね。

知識が深まる！ 一瞬にして度数分布表を作成する関数

Excelには度数分布表を作成するためのFREQUENCY（フリーケンシー）関数が用意されています。FREQUENCY関数を配列数式として入力すれば、簡単に度数分布表が作成できます。

=FREQUENCY(D4:D163,G11:G20)

度数分布表を作る ／ 利用時間を元に ／ この階級を使って

配列数式を利用すると、複数の計算を1つの数式で実行したり、1つの数式で複数の結果を求めたりできます。複数の結果を

求めるときには、👆操作 2-5 のように、結果を表示したいセルの範囲をあらかじめ選択しておきます。続いて、関数を入力し、入力終了時に Enter キーではなく Ctrl + Shift + Enter キーを押します。

> 練習用ファイル
> 2_c1.xlsx

👆操作 2-5　FREQUNECY 関数を使って度数分布表を作成する

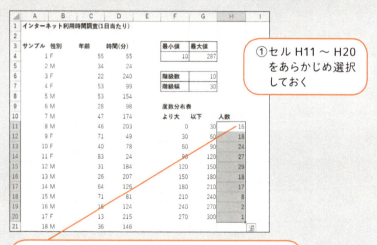

① セル H11 〜 H20 をあらかじめ選択しておく

②「=FREQUENCY(D4:D163,G11:G20)」と入力して、入力終了時に Ctrl + Shift + Enter キーを押す

　FREQUENCY 関数では最初の引数にデータの範囲を指定し、2 番目の引数に階級の範囲を指定します。階級の範囲として、各階級の最大値が入力されているセル範囲を指定しますが、最後の階級は指定しなくても構いません。ここでは階級の最大値はセル G11 〜 G20 に入力されていますが、FREQUENCY 関数の引数に「G11:G19」が指定されているのはそのためです。

2-2 全体像を視覚化して特徴をつかもう
～ヒストグラムの作成～

度数分布表をグラフ化したものがヒストグラムです。ヒストグラムは棒グラフに似ていますが、棒と棒の間にスペースを入れないのが普通です。**ヒストグラムでは、縦軸が度数、横軸が階級となります。**

▶ 図表 2-2　インターネット利用時間の分布を表すヒストグラム

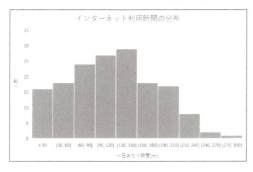

Excel 2013 までは棒グラフを作成し、棒と棒の間隔を0にしてヒストグラムを作成していましたが、Excel 2016 では度数分布表を作らなくても元のデータから直接ヒストグラムが作成できます。

練習用ファイル
2_3.xlsx

統計レシピ

ヒストグラムを作成するには

方法 | Excel 2016 では元のデータを使って統計グラフの中のヒストグラムを作成する。Excel 2013 では度数分布表を棒グラフにして、棒の間隔を0にする

Excel 2016 以降でヒストグラムを作成するには

ヒストグラムの作成にあたっては、あらかじめ、見出しを含めてデータを選択しておくと手順が少なくて済みます。度数分布表ではなく、元のデータを選択します。

操作 2-6　Excel 2016 でヒストグラムを作成する

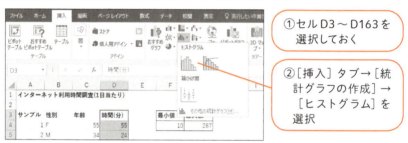

①セル D3〜D163 を選択しておく

②［挿入］タブ→［統計グラフの作成］→［ヒストグラム］を選択

メニューから［ヒストグラム］を選択すれば、ヒストグラムが自動的に挿入されます。階級は自動的に設定されます。

階級の幅や階級の数を変える

階級の幅や数は、横軸の書式設定画面で変更します。この画面では**階級のことを「ビン」と呼んでいる**ことに注意してください。操作 2-6 の例ではビンの幅が 39、ビンの数が 8 となり、最初の階級は 10 から始まります。

そこで、ビンの幅を 30 に変更してみましょう。ビンの数は自動的に 10 になります。なお、ビンの幅とビンの数は連動しているので、ビンの数に 10 を指定しても、ビンの幅が 30 になります。

オーバーフローやアンダーフローは度数の少ない端の階級をまとめるために指定します。ここでは、最初の階級を「30 以下」にするために［ビンのアンダーフロー］に 30 を指定しましょう。

操作 2-7　ヒストグラムの階級を変更する

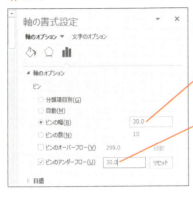

① 横軸を右クリックして [軸の書式設定] を選択
② [ビンの幅] をクリックして「30」と入力
③ [ビンのアンダーフロー] をクリックして「30」と入力

あとはタイトルを設定したり、系列を好みの塗りつぶし色に変えたりすればヒストグラムの完成です。

図表 2-3　完成したヒストグラム（Excel 2016）

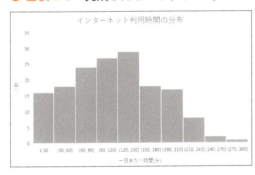

度数分布表の数値も大切だけど、ヒストグラムで見るとイメージがつかみやすいですね。

そう。サンプルがどのあたりの階級に集中しているかが視覚化できるね。

047

Excel 2013 以前でヒストグラムを作成するには

　Excel 2013 でヒストグラムを作成するには、棒グラフを作って要素の間隔を 0 にします。最初に、度数分布表の度数の部分を見出しも含めて選択しておくと手順が少なくて済みます。

👆操作 2-8　Excel 2013 でヒストグラムを作成する

①セル H10 ～ H20 を選択しておく　　②［挿入］タブ→［横棒 / 縦棒グラフの挿入］→［集合縦棒］を選択

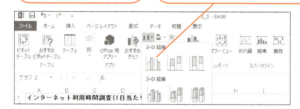

　この操作で棒グラフが自動的に作成されます。次に要素の間隔を 0 にします。

👆操作 2-9　要素の間隔を「0」にする

①データ系列（グラフの棒）を右クリックし、［データ系列の書式設定］を選択　　②［要素の間隔］に「0%」を入力

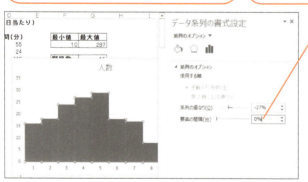

これでヒストグラムの基本的な形ができあがりです。あとは細部を仕上げるだけです。横（項目）軸のラベルには1、2、3、……という値が表示されていますが、ここに階級の境界値を表示するには、以下のように［軸ラベルの範囲］としてセルF11～F20を選択します。

操作 2-10　横（項目）軸のラベルに境界値を表示する

タイトルや塗りつぶし色、枠線の色などの細かい書式を整えれば、ヒストグラムの完成です。

図表 2-4　完成したヒストグラム（Excel 2013）

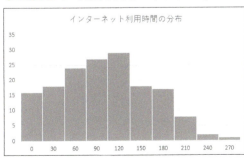

階級の設定によってヒストグラムの印象が変わる

　ヒストグラムを作成すると、全体の分布が大まかに把握できます。どの位置に多くの人がいるのか、値がどの範囲に散らばっているかといったことが分かるので、営業方針の決定や戦略の立案の基礎資料として使えます。ただし、階級の幅や数を変えると印象が異なってくることもあります。以下の例は階級の幅を20、階級数を15にした場合のヒストグラムです。

図表 2-5　階級の幅や数を変えて作成したヒストグラム

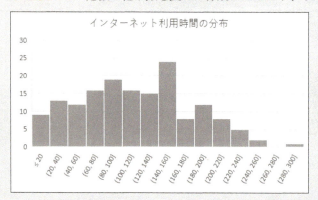

　階級を細かく分けると意外な特徴やイレギュラーなデータに気が付くこともあります。ただ、そういった問題意識を持ちつつも、この段階ではあまり細かな点に目を奪われないようにして、まずは全体像をつかんでください。そのあとで、少しずつ分け入って見ていくのがいいでしょう（例えば、次は性別による違いを調べるなど）。

第 **3** 章

ライバルとの差は数値で示せ

平均値・中央値・標準偏差・分散

STORY

ことり先輩がツトムくんのおやつの「できるサブレ」を取り上げて、「なんだか不思議な味だよね」と言いながら、結局、全部平らげてしまいました。ツトムくんは「そんなに違和感ないけどなぁ」と思いつつも、顧客にどう評価されるか気になっているようです。

第3章を
はじめる
前に

自社商品と他社商品の評価を比較するには？

　ことり先輩の一件だけでなく、営業部の同期からよく言われる「数値で違いが見たい」という言葉もツトムくんは気になっているようです。そこで、何人かのモニターに「できるサブレ」と「他社サブレ」の食べ比べをしてもらい、分析してみようと思い立ちました。顧客に「できるサブレ」はどう評価されているのでしょうか。

集団の特徴は数値で表せる！

　集団の特徴を数値で表す方法としては、平均値が一般的です。また、データの散らばり具合を表すためには標準偏差や分散と呼ばれる値が使われます。しかし、特徴をたった1つの数値で表すのはかなり乱暴な気もします。また、単純な比較にも問題がありそうです。計算そのものは簡単なので、特に「落とし穴」に注意して分析を進めましょう。

3-1 代表値を使って集団の特徴を数値で表そう

　第2章では、調査対象者の全体像を見るために度数分布表やヒストグラムを作成しました。ここでは集団の特徴を何らかの数値で表すことを考えてみましょう。そのような数値の中で、おそらく真っ先に思い浮かぶのは平均値でしょう。

　平均値のように**集団の特徴を表す値のことを、代表値**と呼びます。一般に平均値と呼んでいるものは算術平均または相加平均と呼ばれるものです。

誰でも知ってる平均値だけど、ちゃんと使いこなせてる？
もしかして、平均値に振り回されてない？

評価の違いを平均値で比較する

統計レシピ

平均値（算術平均）を求めるには

| 方法 | AVERAGE関数の引数にデータの範囲を指定する |
| 利用する関数 | AVERAGE関数 |

　単に平均値を求めただけでは、それが大きな値なのか小さな値なのかを評価することはできません。「できるサブレ」と「他社サブレ」の違いや、男性と女性の評価の違いを調べてみましょう。

054

平均値を求める

操作 3-1 のデータはツトム君の会社の主力商品「できるサブレ」と他社のライバル商品とを 20 人の男女に食べ比べてもらった結果です。点数は 10 点満点での評価で、セル C4 〜 C23、セル D4 〜 D23 に入力されています。平均値を求めるために使う AVERAGE 関数は、基本中の基本ですがウォーミングアップのつもりでやっておきましょう。

セル C24 に上の関数を入力します。結果は以下の通りです。

練習用ファイル
3_1.xlsx

操作 3-1　自社商品と競合商品を評価したデータの平均値を求める

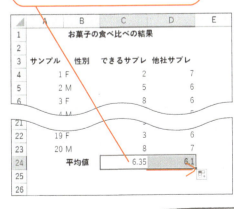

① 「=AVERAGE(C4:C23)」と入力
② セル C24 を右にコピー

Point! 平均値はすべての値を加算して、個数で割った値だね。[オート SUM] ボタンを使っても AVERAGE 関数が入力できるよ。

結果はどうでしょうか。「できるサブレ」の評価が高いようにも見えますし、それほど差がないようにも見えます。しかし、ここではまだ結論を急がず、平均値を求めるための操作をもう少し見てみましょう（詳しい分析については、P.180で見ていきます）。

性別によって評価がどう違うかを見る

お菓子の評価をもう少し詳しく見てみましょう。できる製菓がメインのターゲットとしているのは、若い女性の顧客です。そこで、性別の違いによる評価の差を見ることにします。女性だけの平均値を求めるには、「性別」で並べ替えてから平均値を求めても構いませんが、**AVERAGEIF関数を使えば「条件に一致するデータの平均値」が求められる**ので、元のデータがそのまま使えます。

統計レシピ

条件に一致するデータのみの平均値（算術平均）を求めるには

方法	AVERAGEIF関数の引数に条件の範囲、条件、データの範囲を指定する
利用する関数	AVERAGEIF関数

=AVERAGEIF($B$4:$B$23,"="&$B25,C$4,C$23)

- 条件に一致したデータに対応する平均値を求める
- 性別が
- セルB25に一致する（性別が「F」である）
- 平均値を求めたい値の範囲

下の 操作 3-2 の表で性別の F は女性、M は男性を表します。条件として "=F" や "=M" を指定するのではなく、セルに入力された値を使い、絶対参照と相対参照をうまく組み合わせると、数式をコピーして入力できます。絶対参照と相対参照の意味や指定のしかたについては、P.040 の Tips をご覧ください。

練習用ファイル
3_2.xlsx

操作 3-2　男女別に平均値を求める

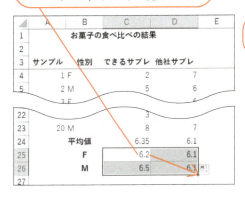

① 「=AVERAGEIF($B$4:$B$23,"="&$B25,C$4:C$23)」と入力

② セル C25 を残りのセルにコピー

できるサブレは女性よりも、むしろ男性に支持されているように思えるけど、差はわずかかも……。

そもそも差があるとは言えないレベルの値ではあるのですが、結果を見ると、むしろ男性からの評価が高く、ターゲットである女性に特に支持されているわけでもなさそうです。さらなる分析を行いつつ、商品開発や広告・営業戦略を練る必要がありそうです。

平均値にも種類があるってほんと?

　平均値には、これまでに見てきた算術平均(相加平均)のほかに、幾何平均(相乗平均)や調和平均があります。幾何平均はすべての値を掛けて、その個数乗根を求めたものです。例えば、3、5、20というデータがあれば、$\sqrt[3]{3\times 5\times 20}$が幾何平均になります。Excelでは、GEOMEAN関数(ジオメトリックミーン)を使って求めます。幾何平均にはかけ離れた値の影響を受けにくいという性質があります。

　調和平均は統計であまり使われませんが、速度の平均などを求めるのに使われます。調和平均を求めるには、各データの逆数を足して、個数で割り、さらにその逆数を求めます。計算の方法はやや複雑ですが、ExcelではHARMEAN関数(ハーモニックミーン)で簡単に求められます。例えば、時速10kmで20km走った後、時速5kmで20km走ると、かかる時間は20÷10+20÷5=6時間です。全体の40kmを6時間で走るので平均速度は40÷6=6.67となります。この値はHARMEAN関数で求めた値と一致します。算術平均の(10+5)÷2=7.5は平均速度と一致していません。

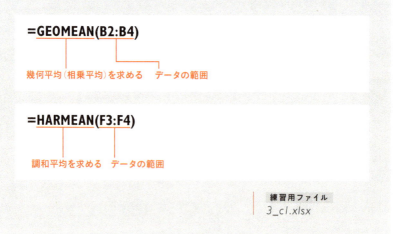

=GEOMEAN(B2:B4)
幾何平均(相乗平均)を求める　データの範囲

=HARMEAN(F3:F4)
調和平均を求める　データの範囲

練習用ファイル
3_c1.xlsx

操作 3-3　幾何平均と調和平均を求める

①「=GEOMEAN(B2:B4)」と入力

②「=HARMEAN(F3:F4)」と入力

	A	B	C	D	E	F	G
1	幾何平均の例				調和平均の例		
2		3		区間	距離	時速	時間
3		5		1	20	10	2
4		20		2	20	5	4
5	幾何平均	6.69		全体	40	6.666667	6
6							

中央値が代表値にふさわしい場合もある

　多くの人が小学生の頃から慣れ親しんだ平均値ですが、万能というわけではありません。平均値には、かけ離れた値の影響を受けやすいという落とし穴があります。例えば、年収のデータには、かけ離れた値が含まれることがよくあります。以下の例で見てみましょう。

練習用ファイル
3_3.xlsx

操作 3-4　かけ離れた値がある場合の平均値

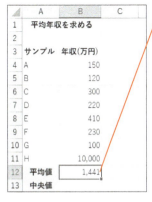

「=AVERAGE(B4:B11)」と入力

年収の高い人が一人いるために、平均年収が1,441万円になってしまいました。それ以外の人はすべて年収が500万円にも達していないので、ほとんどの人はこの結果に納得がいかないでしょう。このような不都合があるにもかかわらず、平均値を唯一の拠り所としたような考え方も多く見られます。

　分布に偏りがあったり、かけ離れた値の影響が大きかったりする場合には、平均値は必ずしも代表値としてふさわしいとは限りません。そのような場合、平均値の代わりに中央値を使うことがあります。

統 計 レ シ ピ

分布に偏りのある場合の代表値を求めるには

方　法　｜データを順に並べたときに中央にある値（中央値）を求める
利用する関数　｜MEDIAN（メジアン）関数

中央値を求める

　中央値とは値を小さい順（または大きい順）に並べたときにちょうど真ん中にある値のことです。データの件数が偶数の場合、真ん中には2つの値がありますが、その場合はそれらの平均を中央値とします。

🍊 **図表 3-1　中央値の求め方と平均値との違い**

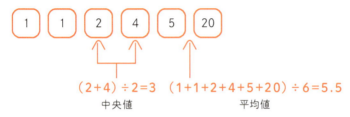

```
=MEDIAN(B4:B11)
```
中央値を求める　データの範囲

　MEDIAN関数の引数にはデータの範囲を指定するだけです。やってみましょう。

操作 3-5　MEDIAN関数で中央値を求める

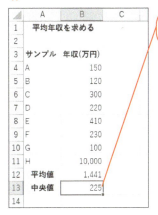

「=MEDIAN(B4:B11)」と入力

確かにこの場合なら中央値の方が代表値に適していそうだね。

　中央値は225万円となりました。この値であれば、多くの人に納得してもらえるでしょう。

最頻値も代表値として使われる

　代表値としては、平均値や中央値のほか、最頻値（最もよく現れる値）が使われることもあります。サイコロの目のように値が飛び飛びに現れる場合（離散分布の場合）はMODE.SNGL関数やMODE.MULT関数で最頻値を求めます。

統計レシピ

最もよく現れる値を代表値とするには

方　法	離散分布の場合はMODE.SNGL関数やMODE.MULT関数で最頻値を求める。連続分布の場合はヒストグラムの最も高い山の階級値を最頻値とする
利用する関数	MODE.SNGL関数、MODE.MULT関数

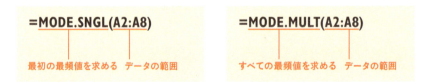

　次ページの例で、A列に入力されている値のうち、最もよく現れるのは2と4です。MODE.SNGL関数では最初に見つかった最頻値が求められます。一方のMODE.MULT関数では最頻値がすべて求められます。複数の値を求めるので、MODE.MULT関数は配列数式として入力します。

> 練習用ファイル
> 3_4.xlsx

操作 3-6　MODE.SNGL 関数や MODE.MULT 関数を使って最頻値を求める

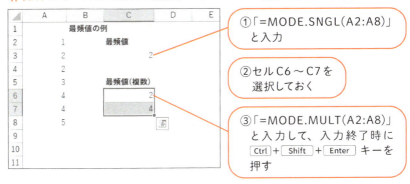

① 「=MODE.SNGL(A2:A8)」と入力

② セル C6～C7 を選択しておく

③ 「=MODE.MULT(A2:A8)」と入力して、入力終了時に [Ctrl]+[Shift]+[Enter] キーを押す

　一方、身長や体重のように値が数直線上のいずれかになる場合（連続分布の場合）、同じ値が複数現れることがまれなので、MODE.SNGL 関数や MODE.MULT 関数は使えません。そのような場合、**ヒストグラムで最も高い山の階級値を最頻値とします**。階級値は下限と上限の平均値です。例えば、インターネット利用時間のヒストグラムでは 120～150 の山が一番高いので、最頻値は (120+150)÷2=135 となります。

● 図表 3-2　値が飛び飛びでない場合はヒストグラムの山を最頻値とする

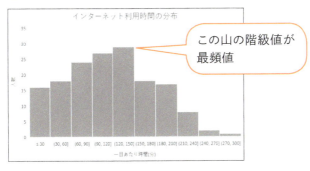

この山の階級値が最頻値

3-2 グラフ化による視覚化の落とし穴

　売り上げの規模や平均値を比較するには棒グラフによる視覚化が役に立ちます。多くの人が慣れ親しんできたグラフですが、意外な落とし穴もあるので注意が必要です。

　棒グラフなら得意ですよ。いつも資料の作成に使ってますから。

　Excelを使うと簡単にできるね。でも、そのままだと適切なグラフになっていないこともあるから、気を付けなくちゃだよ。

グラフは目盛の取り方により印象が変わる

統計レシピ

数量や規模、平均値などを視覚的に比較するには

方　法　｜　棒グラフを作成する
留 意 点　｜　目盛の取り方や値の基準について考慮する

　操作3-1 で見た表を例に棒グラフを作成してみましょう。グラフ化するデータは平均値なので、元のデータ全体ではなく、平均値が入力されたセルを選択しておきましょう。
　作成するグラフは集合縦棒グラフです。

練習用ファイル
3_5.xlsx

操作 3-7　自社商品と競合商品の評価をグラフ化する

① セル C3 ～ D3 をドラッグして選択

② Ctrl キーを押しながらセル C24 ～ D24 をドラッグして選択

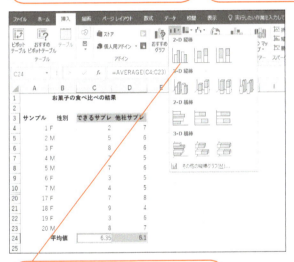

③ [挿入]タブ→[縦棒/横棒グラフの挿入]→[集合縦棒グラフ]を選択

Tips　離れた範囲を選択するには
最初の範囲をドラッグして選択し、Ctrl キーを押しながら次の範囲をドラッグして選択します。

　[集合縦棒グラフ]を選択すると、自動的に棒グラフが作成されます。次ページの 図表 3-3 はタイトルだけを変更しましたが、それ以外は、作成された状態のままです。

図表 3-3　自社商品と競合商品の評価をグラフ化した結果

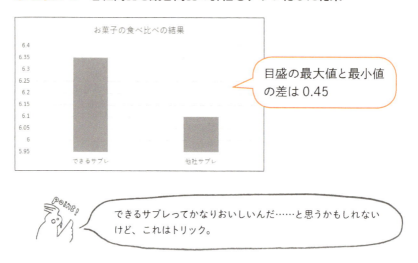

目盛の最大値と最小値の差は 0.45

できるサブレってかなりおいしいんだ……と思うかもしれないけど、これはトリック。

　このグラフを見ると、できるサブレの評価がかなり高いように見えます。しかし、これは目盛のトリックです。**Excel で特に何も指定せずにグラフを作成すると、必要以上に差が強調されてしまうことがあります。**

　数値（縦）軸の目盛をよく見ると、最小値が 5.95、最大値が 6.4 になっていることが分かります。つまり、0.45 という差がかなり引き伸ばされた軸になっているわけです。そのため、できるサブレの評価（6.35）と他社サブレの評価（6.1）の差（0.25）も、必要以上に誇張された表示になっています。このグラフを使って「これだけ差があります」と主張しても、「それはまやかしだ」と一蹴されるのがオチです。

　そこで、目盛の設定を変更してみましょう。操作 3-8 のように［軸の書式設定］画面を表示し、境界値の［最小値］に 0 を、［最大値］に 10 を入力します。

操作 3-8　目盛の最小値と最大値を変更する

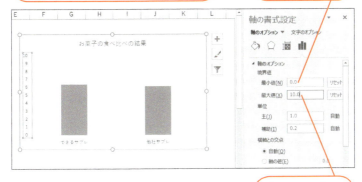

①縦（数値）軸を右クリックして［軸の書式設定］を選択し、［軸の書式設定］画面を表示しておく

②［最小値］に「0」を入力

③［最大値］に「10」を入力

こっちのグラフが正解。実は大して差はないんだね。

　どちらかというと、目盛の最小値と最大値を変更した操作 3-8 のグラフの方が妥当ではないでしょうか。実際、第 7 章で説明する t 検定を行うと「差があるとは言えない」という結果になります。平均値の差は誤差レベルと考えていいのではないか、ということです。

　もちろん、それは「統計的に」ということなので、企業活動の観点からでは、たとえわずかな差でも競合他社の商品よりも評価が低いことは避けたいでしょうし、0.01 ポイントでも高い点数を得たいものです。「統計的には差があるとは言えないが、少しでも優位に立つべく努力する」とか、逆に、劣勢であっても「統計的には差があるとは言えないので、担当者に余計なプレッシャーをかけるのは避けるべきだが、少しでもポイントを上げるべく努力する」といったバランス感覚も必要でしょう。

知識が深まる! グラフの背後に隠されているものを見る

　前ページで見たように、目盛の取り方によってグラフの印象は大きく変わります。それだけではなく、どういった基準で数値を取り扱うのかによっても印象が変わるので注意が必要です。例えば、以下のように支店別の売上集計表をグラフ化したとします。グラフはA列とE列を使って作った第1四半期（1Q）の合計のグラフです。

● **図表3-4　自社商品と競合商品の評価をグラフ化した結果**

　このグラフを提示されると、豊橋支店の営業担当者は肩身の狭い思いをするかもしれません。しかし、そもそも市場規模が違います。担当者の人員も、例えば名古屋本店が5人、豊橋支店が2人だとしたらどうでしょう。1人あたりの第1四半期売上高は、名古屋支店が920万円、豊橋支店が970万円です。豊橋支店の方が効率のいい営業をしているように思われます。とはいえ、名古屋本店では各支店を統轄するための間接業務も行っているかもしれないので、いちがいに名古屋本店の効率が悪いと言えないかもしれません。

　つまり、表面に現れた数値だけで判断するのではなく、なぜ

そのような値になったのかもきちんと分析する必要があるというわけです。

話は少し横道にそれますが、値の推移（移り変わり）を見ることも重要です。🍊 図表 3-5 は毎月の売上高をグラフ化したものです。時間的な推移を見るので、グラフの種類としては折れ線グラフが適しています。

🍊 **図表 3-5　支店別月間売上高の推移**

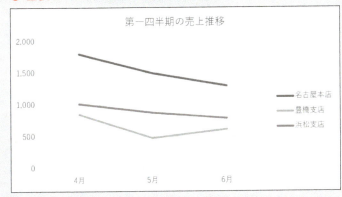

このグラフを見ると、名古屋本店と浜松支店が5月、6月と売り上げが下がっているのに対して、豊橋支店だけが6月に回復傾向を見せているようです。これも表面だけを見て、ただちに「豊橋支店がんばってるな、名古屋本店と浜松支店はしっかりしろ」というような精神論に飛びつくのは控えるべきです。顧客の担当範囲が変わったのかもしれませんし、たまたま豊橋で6月にイベントがあったのかもしれません。簡単に結論を出してしまうのではなく、背後に隠れている事情や理由に気づくためのきっかけとして数値やグラフを活用した方が質の高い活動に結びつく可能性が高くなります。

知識が深まる！ ピボットテーブルでも平均値を求められる！

　お菓子の食べ比べの例では、商品ごと、性別ごとに平均を求めました。商品が異なる列に分けて入力されていたので、数式が（少しばかりですが）簡単に入力できました。第1章で見たインターネットの利用時間の例でも、年齢ごと、性別ごとに平均値が求められるのですが、スタック形式でデータが入力されていることと、年齢を10代、20代、……といった分け方にする必要があるので、かなり複雑になります。そのような場合には、ピボットテーブルの利用も検討してみてください。具体的な方法については、練習用ファイルに含めた解説を参照してください。

練習用ファイル
3_c2.xlsx

● 図表 3-6　性別、年齢別にインターネットの利用時間の平均値を求める

ピボットテーブルで集計

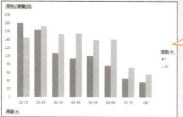

ピボットグラフで視覚化

3-3 分布の形から集団の性質を読み取ろう

　3-1 節の 🍃 図表 3-2 のグラフからも読み取れますが、分布の形を見ると集団の特徴や性質が見えてくることがあります。そこで、分布の偏りと散らばり具合を見てみましょう。分布の偏りを知るには、平均値と中央値を比較する方法や歪度を求める方法があります。散らばり具合を見るには、尖度を求める方法や分散または標準偏差を求める方法があります。分散と標準偏差については 3-4 節で説明します。

平均値や中央値だけでは、偏りや散らばり具合は分からないからね。

平均値と中央値を比較して分布の偏りを知る

　分布の偏りについては、平均値と中央値を比較するとおおよそのことが分かります。以下の図で確認してみましょう。

🍃 図表 3-7　平均値と中央値を比べると分布の偏りが分かる

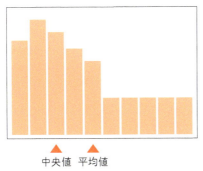
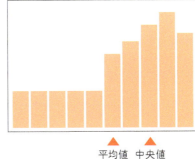

平均値が中央値よりも大きい場合は、分布の山が左に寄っています。 度数の少ない大きな値の影響を受けて平均値が大きくなっているからです。右の方に裾を引きずるような形と言ってもいいでしょう。

逆に、**平均値が中央値よりも小さい場合は、分布の山が右に寄っています。** つまり、左の方に裾を引きずるような形になっています。小さな値の影響を受けて平均値が小さくなっているからです。

> なるほど、比較するって大切なことなんですね。

統計レシピ

分布の偏りを知るには

方法	平均値と中央値を比較する
利用する関数	AVERAGE 関数、MEDIAN 関数

　平均値を求めるには AVERAGE 関数を使い、中央値を求めるには MEDIAN 関数を使います。これはすでに 3-1 節でやったので、詳しい説明は不要でしょう。操作 3-9 はテスト用に作ったデータで、分布 1 の値がセル A4 〜 A66 に、分布 2 の値がセル B4 〜 B66 に入力されています。

操作 3-9　平均値と中央値を比較して分布の形を知る

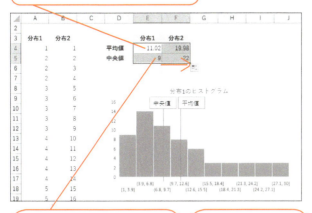

分布1では平均値が中央値よりも大きくなっています。ヒストグラムを見ると、確かに山が左に寄っています。なお、分布2のヒストグラムは描画されていませんが、分布1の左右を反転させた形になっています。

歪度を求めて、分布の偏りを数値で表す

分布の偏りを知るには歪度と呼ばれる値も使われます。**歪度が0に近ければ左右対称の分布、負であれば右に山がある分布、正であれば左に山がある分布です。**歪度はSKEW関数で求められます。

図表 3-8　歪度と分布の形の関係

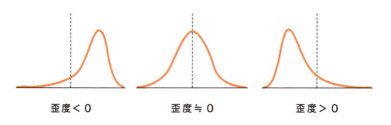

歪度が負なら右側に山があり、正なら左側に山がある

統計レシピ

分布の偏りを表す値を知るには

方　法	データを元に歪度を求める
利用する関数	SKEW 関数

　お菓子の食べ比べのデータで見てみましょう。操作 3-10 では一部のデータしか見えていませんが、セル C4 〜 C23 にできるサブレの評価が、セル D4 〜 D23 に他社サブレの評価が入力されています。

操作 3-10　SKEW 関数を使って歪度を求める

① 「=SKEW(C4:C23)」と入力

セル C26 を右にコピー

　できるサブレの平均値は 6.35、中央値は 7 と、平均値の方が小さくなっています。また、歪度は負です。ということは、右に山がある分布であることが分かります。一方、他社サブレは平均値の方が大きいですが、歪度は負です。評価が矛盾しているようですが、差はわずかなので、どちらかに偏っているとは言えないでしょう。

　できるサブレに関しては、高い評価を与えている人が多い一方で、極端に低い値を与えている人のために平均値が低くなっていると思われます。

「できるサブレ」の味ってちょっとクセがあるから、極端に苦手な人もいるのかもね。

なるほど。感覚的にクセがあるとかないとか言っても水掛け論になりますけど、数値で示すと納得できますね。

尖度を求めて、データの散らばり具合を知る

　分布の形を表す値としては、ほかにも尖度があります。尖度は、散らばり具合というよりも、むしろ、データが平均値の近くに集まっているかどうかを表す値といった方が適切です。**尖度が0に近ければ正規分布に近い分布で、負であれば平坦な分布、正であれば尖った分布です。正規分布とは、中央の山が高くて左右に裾が延びているような分布です。**詳細はP.096で説明しています。

● 図表3-9　**尖度と分布の形の関係**

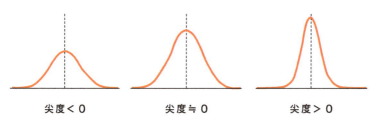

尖度＜0　　　　　　尖度≒0　　　　　　尖度＞0

尖度が負なら平坦な分布、正なら尖った分布になる

統計レシピ

データが平均値の近くに集まっているかどうかを表す値を知るには

方　法　｜データを元に尖度を求める
利用する関数　｜KURT（カート）関数

=KURT(C4:C23)
- 尖度を求める
- データの範囲

尖度についてもお菓子の食べ比べのデータで見てみましょう。

練習用ファイル
3_8.xlsx

操作 3-11　KURT 関数を使って尖度を求める

	A	B	C	D	E
1		お菓子の食べ比べの結果			
2					
3	サンプル	性別	できるサブレ	他社サブレ	
19	16	M	7	8	
20	17	F	7	8	
21	18	F	9	4	
22	19	F	3	6	
23	20	M	8	7	
24		平均値	6.35	6.1	
25		中央値	7	6	
26		歪度	-0.593	-0.213	
27		尖度	-0.911	-0.611	

①「=KURT(C4:C23)」と入力

②セル C27 を右にコピー

できるサブレのほうが他社サブレよりも尖度が小さいようです。分布が平坦であるということから、いい評価の人と悪い評価の人に分かれていることが示唆されます。

これまで分析っていうと平均値を求めることぐらいしか思い付かなかったけど、分布の形を見るだけでも、いろんなことが分かるんですね。ちょっと感動しました。

3-4 分布の散らばり具合を数値で表してみよう

　前節では、集団の特徴を数値で表すために、平均値などの代表値を使いました。ヒストグラムから感覚的に読み取れる分布の散らばり具合も、集団の特徴として何らかの数値で表したいと思われるでしょう。
　分布の散らばり具合を表す値には分散や標準偏差があります。いずれも、平均値から各データがどれぐらい離れているかを表す値で、分散の正の平方根が標準偏差です。統計のさまざまな計算には分散を使うことが多いのですが、私たちにとっては標準偏差の方が感覚的に分かりやすい値となっています。

> 標準偏差って、名前だけはよく聞きます。簡単に求められるんですか？

> 関数の入力だけなら簡単。でも、標準偏差って何なのか、なぜ散らばり具合を表すのかっていう「意味」を理解することが大切だよ。

標準偏差を求めて分布の散らばり具合を知る

　お菓子の食べ比べのデータを見ると、「できるサブレ」の評価には2や9という値がありますが、「他社サブレ」にはそのような値がないことが分かります。3-3節で尖度が低かったことも合わせて考えると「できるサブレ」の方が、散らばり具合が大きいのではないかと予想されます。
　そこで、標準偏差を求めて、分布の散らばり具合を比べてみましょう。

統計レシピ

サンプルから母集団の散らばり具合を推定するには

方　法　不偏標準偏差や不偏分散を求める
利用する関数　STDEV.S 関数、VAR.S 関数

食べ比べのデータはこれまで使ってきたものと同じで、「できるサブレ」の評価がセル C4 ～ C23 に、「他社サブレ」の評価がセル D4 ～ D23 に入力されています。標準偏差を求めるための関数として、ここでは STDEV.S 関数を使ってみます。

STDEV.S 関数では、不偏標準偏差という値が求められます。その意味については後回しにすることにして、まずは関数を入力してみましょう。

練習用ファイル
3_9.xlsx

操作 3-12　商品を評価したデータを元に標準偏差を求める

STDEVはStandard Deviationの略。Deviationのdeは「離れること」、viaは「道」が古い語源だよ。本来の値からの「ずれ」って感じの意味だね。

　どうも「できるサブレ」の方が、標準偏差が大きいようです。実際、第7章で説明するF検定によると、散らばり具合に違いがあることが分かります。やはり「できるサブレ」の方が味にクセがあって、好き嫌いがはっきりしているのかもしれません。なお、標準偏差には、ここで求めた不偏標準偏差という値と、標本標準偏差という値があり、分散にも同様に、不偏分散と標本分散があります。詳細については、P.086で説明しますが、以下に簡単に意味を記しておきます。

・**不偏標準偏差**……サンプルから母集団の散らばり具合を推定した値
・**標本標準偏差**……サンプルの散らばり具合の値（サンプルを多く採ると母集団の散らばり具合の値に近くなる）

　一般に、標準偏差は分散の正の平方根です（標準偏差を2乗すると分散になります）。
　今のところは、いずれも散らばり具合を表す値という理解で構いません。このあと、少しずつ意味を解きほぐしていきます。

分散や標準偏差ってどういう意味？

　分散や標準偏差をどのようにして計算するのかを知れば、なぜその値が散らばり具合を表すのか、どういう意味を持つのかが分かります。計算は四則演算だけでできるのですが、数式というだけでアレルギーを起こしてしまう人も多いようなので、先に日常的なたとえ話で考えてみましょう。

「散らばり具合」とはどういうことか？

例えば、地図を広げて、公立の小学校の生徒たちが住んでいる家の位置に印を付けてみたとしましょう。また、大学の学生たちが住んでいる家の位置にも印を付けてみたとしましょう。さて、どちらの散らばり具合が大きいでしょうか。

公立の小学校には地域の子供たちが通っているので、比較的散らばり具合は小さいと思われます。一方、大学生は大学の近くに下宿している場合もあれば、遠くから新幹線通学している場合もあります。したがって、散らばり具合は大きいと考えられます。

では、散らばり具合をどのようにして求めるといいでしょうか。どれだけ学校の近くにいるか、ということなので、家から学校までの距離を平均すれば求められそうです。

図表3-10　中心との平均的な距離が散らばり具合を表す

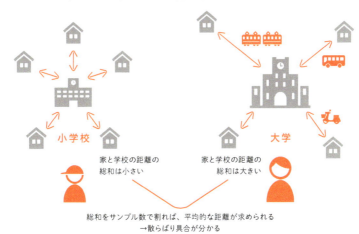

小学校の通学距離は散らばり具合が小さく、大学の通学距離は散らばり具合が大きい

小学校や大学の位置は、平均値にあたるものと考えるといいでしょう。家から学校までの距離は「各データ－平均値」にあたります。この値をすべて合計して、データの個数で割れば距離の平均値が求めれますね。これが散らばり具合を表す値になります。

　ただし、地図上の距離とは違って、「各データ－平均値」の値はプラスになることもマイナスになることもあります。単純に足してしまうとプラスとマイナスが相殺されてしまうので、散らばり具合が表せません。そこで、絶対値を使います……と言いたいところなのですが、絶対値の取り扱いは計算上ちょっと面倒なので、「各データ－平均値」を2乗しましょう。2乗すれば、すべてがプラスの値になります。2の2乗は4ですし、－3の2乗は9です。2乗しても、あとで√を取れば絶対値になりますね。

　つまり、**「各データ－平均値」の2乗をすべて足して、データの個数で割ったものが、散らばり具合を表す値として利用できる**ことになります。この値が分散と呼ばれる値です。

　これを数式で書くと、以下のようになります。

図表3-11　分散を表す式

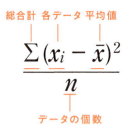

　数式で表すと難しく感じられますが、「（各データ－平均値）の2乗をすべて足して、データの個数で割ったもの」といちいち言うのが面倒なので、それを簡単な記号で表しただけのことです。数式は、話を難しくするためではなく、簡単にするためのものなのです。

ちょっとくどいかもしれませんが、念のため、x_i や Σ などの意味を確認しておきましょう。すでに意味が分かっている方は、次に進んでください。

● 図表 3-12　各データを x_i と表す

$$x_1 \quad x_2 \quad x_3 \quad x_4 \quad x_5 \qquad \cdots\cdots 各データを一般的に x_i と表す$$

①　④　⑧　②　⑦　……　実際のデータ

　各データを x_1、x_2……のように個別に表すよりも、x_i と一般的に表した方が簡単です（この例なら「i は 1 から 5 まで」とすればよい）。また、すべてのデータを足し合わせるのは、$x_1+x_2+x_3+x_4+x_5+$……という計算ですが、やはり、1 つずつ並べるより、「x_i の合計を求める」と言った方が簡単です。さらに、「合計を求める」を Σ という記号で表せば、「x_i の合計を求める」（すべてのデータの合計を求める）が、「Σx_i」だけで表せます。この方が簡潔ですね。ギリシア文字の Σ はアルファベットの S にあたる文字です。合計（Summation）の頭文字なので、この記号が使われるというわけです。

　なお、平均値を表す $\bar{x}$ は、エックスバーと読みます。

手作業で分散を計算してみる

　分散の意味と求め方が分かったので、実際に先ほどの式にしたがって計算することもできますね。試しに計算してみるだけなので、数個のデータだけでやってみます。次ページのデータは 1 日あたりの摂取エネルギーについて調べたものです。

　ここでは、不偏分散と呼ばれる値を求めてみます。● 図表 3-11 の式と少し異なり、**不偏分散では、分母をデータの個数ではなく、「データの個数 −1」として計算します。**つまり、n ではなく n−1 で割るということ

083

です。不偏分散と標本分散の違いなど、詳細については後述します。ここでは、操作を通して「散らばり具合」の意味をしっかり確認しましょう。

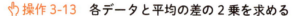
練習用ファイル
3_10.xlsx

操作 3-13　各データと平均の差の2乗を求める

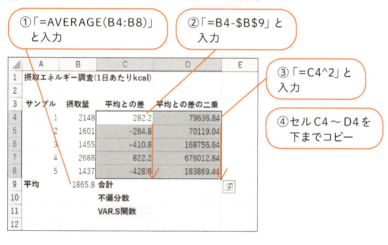

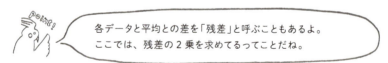

各データと平均との差を「残差」と呼ぶこともあるよ。
ここでは、残差の2乗を求めてるってことだね。

　ここまでで、$(x_i - \bar{x})^2$、つまり「各データ－平均値」の2乗が全部求められました。あとはそれらをΣ、つまり総合計し、「データの個数 －1」で割るだけです。

操作 3-14　不偏分散を求めて、検算してみる

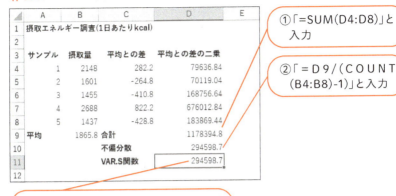

① 「=SUM(D4:D8)」と入力

② 「=D9/(COUNT(B4:B8)-1)」と入力

③ 「=VAR.S(B4:B8)」と入力して結果が合っているかどうかを確認

 セル D9 の値は、残差の 2 乗の総和だから「残差二乗和」と呼ぶこともあるよ

　結果が求められました。検算のため、セル D11 に VAR.S 関数を入力して不偏分散を求めてみました。手作業で計算した結果と一致していますね。

=VAR.S(B4:B8)
不偏分散を求める　データの範囲

　なお、**不偏分散の√を求めると不偏標準偏差になります**。いずれかのセルに「=SQRT(D10)」と入力すれば不偏標準偏差の値が求められます。STDEV.S 関数を使って検算を行うには、いずれかのセルに「=STDEV.S(B4:B8)」と入力するとよいでしょう。

標本分散と不偏分散、標本標準偏差と不偏標準偏差の違い

分散や標準偏差が、各データと平均値との距離の平均のようなもの、という考え方は理解できたでしょうか。しかし、標本分散はデータの個数で割る、不偏分散は「データの個数 −1」で割るというように、違いがあるので、少し混乱してしまったかもしれません。ここで整理しておきましょう。

統 計 レ シ ピ

散らばり具合を表すさまざまな値を求めるには

方　法　標本分散、不偏分散、標本標準偏差、不偏標準偏差を求める

利用する関数　VAR.P 関数、VAR.S 関数、
　　　　　　　STDEV.P 関数、STDEV.S 関数

分散には、標本分散と呼ばれる値と不偏分散と呼ばれる値があります。
計算の方法と、結果を求めるために使う Excel の関数、意味の違いは、以下のようにまとめられます。

図表 3-13　標本分散と不偏分散

	計算の方法	Excel関数	意味
標本分散	$\dfrac{\sum (x_i - \bar{x})^2}{n}$	VAR.P	得られたデータそのものの散らばり具合
不偏分散	$\dfrac{\sum (x_i - \bar{x})^2}{n-1}$	VAR.S	得られたデータが母集団から取り出した一部のデータであるときの、母集団の散らばり具合の推定値

母集団から取り出したデータのことを標本またはサンプルと呼びます。**標本分散は、母集団から取り出した標本そのものの散らばり具合です。**図表3-14の左側のようなイメージで捉えるといいでしょう。

一方の**不偏分散**は、標本が母集団から取り出した一部分のデータであるときに、母集団の散らばり具合を推定するために使います。こちらは、右側のようなイメージです。

図表3-14　標本不偏分散と不偏分散の違い

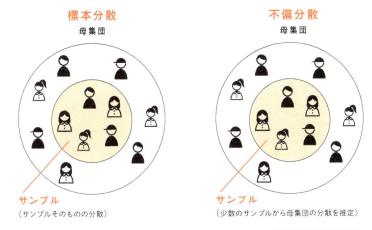

サンプルそのものの分散か、母集団の分散の推定値かの違い

食べ比べのデータや摂取エネルギーのデータは顧客全員や日本人全員のデータではなく、そこから一部のデータを取り出したものです。それらの値から母集団の散らばり具合を推定するために不偏標準偏差や不偏分散を求めたというわけです。

なお、**Excelの集計機能やピボットテーブルでは、標本分散のことを分散と呼び、不偏分散のことを標本分散と呼んでいます。**また、文献によってはそのような呼び方を使っていることもあります。ちょっと紛らわしいですが、どちらの呼び方なのかは、たいていの場合、文脈から理

解できます。

標準偏差についても、標本標準偏差と不偏標準偏差があり、分散と同じ関係になっています。念のため、こちらも表にまとめておきましょう。

● 図表 3-15　標本標準偏差と不偏標準偏差

	計算の方法	Excel関数	意味
標本標準偏差	$\sqrt{\dfrac{\sum (x_i - \bar{x})^2}{n}}$	STDEV.P	得られたデータそのものの散らばり具合
不偏標準偏差	$\sqrt{\dfrac{\sum (x_i - \bar{x})^2}{n-1}}$	STDEV.S	得られたデータが母集団から取り出した一部のデータであるときの、母集団の散らばり具合の推定値

考え方は分散の場合と全く同じだね。

　分散は元の値が2乗されているので、私たちにとっては実感が湧きにくいかもしれません。一方の標準偏差は分散の√の値なので、元のデータと同じ規模になり、分散よりも実感が湧きやすくなっています。ただ、統計の計算では、いちいち√を求めるのが面倒なので、分散をそのまま使うことがよくあります。

　あまり意味のない例ですが、標本分散、不偏分散、標本標準偏差、不偏標準偏差をすべて求めたのが次の図です。

練習用ファイル
3_11.xlsx

操作 3-15　さまざまな関数を使って分散と標準偏差を求める

	A	B	C	D
1	摂取エネルギー調査（1日あたりkcal）			
2				
3	サンプル	摂取量		
4	1	2148		
5	2	1601		
6	3	1455		
7	4	2688		
8	5	1437		
9	標本分散	235679.0 ❶		
10	不偏分散	294598.7 ❷		
11	標本標準偏差	485.5 ❸		
12	不偏標準偏差	542.8 ❹		
13				

❶「=VAR.P(B4:B8)」と入力
❷「=VAR.S(B4:B8)」と入力
❸「=STDEV.P(B4:B8)」と入力
❹「=STDEV.S(B4:B8)」と入力

　結果を見れば、分散よりも標準偏差の方が元データの大きさに近い値になっていることが分かります。また、標本分散よりも不偏分散の方が、値がやや大きいことが分かります（標準偏差についても同様）。不偏分散や不偏標準偏差の方が、分母が小さいので当然ですが、**母集団の散らばり具合の推定値としては、不偏分散や不偏標準偏差の方が適している**ことが分かっています。

ある程度の幅を持たせて平均や分散を推定するには

　平均値や不偏分散など1つの値を使って母集団の平均や分散を推定することを点推定と呼びます。例えば、「できるサブレ」の評価の平均（の推定値）は 6.35 であった、といった表し方が点推定です。一方、**ある程度の幅を持たせて母集団の平均や分散を推定することを区間推定と呼びます**。例えば、母集団の平均 μ を $100 \times (1 - \alpha)$ ％の精度で区間推定する、といった使い方をします。こちらは、「できるサブレ」の評価の平均値を 95％ の精度（ $\alpha = 0.05$ ）で区間推定すると、「 $5.32 \leqq \mu \leqq 7.38$ 」のように表されるといった方法です。

　ここでは、母集団の平均を区間推定してみましょう。

089

統計レシピ

ある程度の幅を持たせて母集団の平均を推定するには

方 法	信頼区間を求める
利用する関数	CONFIDENCE.NORM 関数、CONFIDENCE.T 関数

Excel では、CONFIDENCE.NORM 関数や CONFIDENCE.T 関数を使えば、簡単に母集団の平均の区間推定ができます。一応、以下に式を示しておきます。もちろん、これらの式を使って自分で計算する必要はありませんが、定義を確認するために見ておきましょう。

・母集団の分散が分かっている場合

$$\bar{x} - z\left(\frac{a}{2}\right)\frac{標本標準偏差}{\sqrt{N}} \leq \mu \leq \bar{x} + z\left(\frac{a}{2}\right)\frac{標本標準偏差}{\sqrt{N}}$$

この部分は CONFIDENCE.NORM 関数で求められる

$z\left(\frac{a}{2}\right)$ は、標準正規分布の $\left(\frac{a}{2}\right)$ 点の値です。この部分の値は NORM.S.INV 関数で求められます。標準正規分布とは平均が0、分散が 1^2 の正規分布です。

・母集団の分散が分かっていない場合

$$\bar{x} - t_{N-1}\left(\frac{a}{2}\right)\frac{不偏標準偏差}{\sqrt{N}} \leq \mu \leq \bar{x} + t_{N-1}\left(\frac{a}{2}\right)\frac{不偏標準偏差}{\sqrt{N}}$$

この部分は CONFIDENCE.T 関数で求められる

$t_{N-1}\left(\frac{a}{2}\right)$ は、自由度 N-1 の t 分布の $\left(\frac{a}{2}\right)$ 点の値です。この部分の値は T.INV 関数や T.INV.2T 関数で求められます。興味のある方は練習用ファイルを参照してみてください。

Tips 平均値は $\bar{x}$? μ ?

平均値を表すときには $\bar{x}$ や μ という記号が使われますが、$\bar{x}$ と μ は意味が違うので注意が必要です。$\bar{x}$ はサンプルを元に求めた母集団の平均の推定値です。一方の μ は母集団の平均値です。同様に s や s^2 はサンプルを元に求めた標準偏差や分散の推定値、σ や σ^2 は母集団の標準偏差や分散です。なお、μ は「ミュー」と読み、σ は「シグマ」と読みます。

試しに、お菓子の食べ比べのデータを元に、平均値の 95% 信頼区間を求めてみましょう。この場合、a の値は 0.05 となります。次の操作では、CONFIDENCE.T 関数を使って簡単に計算した結果を示します。

練習用ファイル
3_12.xlsx

操作 3-16　信頼区間を求める

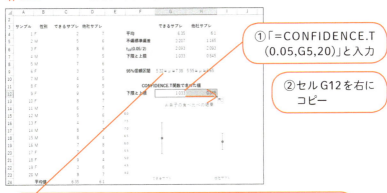

① 「=CONFIDENCE.T(0.05,G5,20)」と入力

② セル G12 を右にコピー

③ 「=TEXT(G4-G7,"0.00")&"≦μ≦"&TEXT(G4+G7,"0.00")」と入力

「平均値からセル G12 の値を引いた値」から「平均値にセル G12 の値を足した値」までが信頼区間だね。

Tips 数値を書式設定して文字列に変換するには

TEXT 関数を使えば、数値を文字列に変換できます。2 番目の引数に、表示形式の指定に使う書式記号と同様のものを指定します。例えば"0.00"なら、1 の位が 0 の場合は 0 と表示し、小数点以下 2 桁まで表示する、という意味になります。

操作 3-16 では、信頼区間の上限と下限の値を手作業で求める式をセル G7 とセル H7 に入力してあります。また、練習用ファイルには 95% 信頼区間のグラフも含めてあります。

なお、区間推定に関しては、「求めた平均値は 95% の確率で正しい」とか「信頼区間に含まれる値は平均値の範囲と見なせる」「信頼区間の範囲外は外れ値である」といった誤解がありますが、正確には、**サンプルを取って信頼区間を求めることを何度も繰り返すと、それらの信頼区間の 95% に母集団の平均が含まれている**ということです。

標準偏差や分散は統計の基礎だよ。関数を入力するだけで値が求められるから操作は簡単。でも、しくみをしっかり理解しようね。

標準偏差や分散って平均値と各データがどれぐらい離れているかってことなんですね。1 ステップずつ手作業で計算してみると、意味がよく分かりました。

意味が分かれば、自信を持って関数が使えるよね。

第 **4** 章

レベルアップの出発点は自分の位置を知ることから

順位・偏差値・ABC分析

STORY

日々データ分析の学習に励むツトムくんですが、広報部主催で来期から実施する「小麦粉検定」の運営案の作成に協力してほしいと頼まれました。そこで、受験者の立場で感触をつかむために、模擬試験を受けてみることにしました。

第4章を
はじめる
前に

Q

「75点」はいい成績なのか？

　ツトムくんのモットーは市川部長ゆずりの「何ごとも体験」です。そこで、小麦粉検定の模擬試験を受験してみたところ、成績は75点でした。さて、この成績をどう評価すればいいのでしょうか。75点はいい成績なのでしょうか、そうでないのでしょうか。また、多くの人はどのあたりの成績を取るのでしょうか。

評価の基準を求め、自分の位置を知ろう!

　第3章では平均値と標準偏差を求めました。いわば中心と散らばり具合が分かったわけです。ということは、それらの値を使って自分がどのあたりに位置付けられるか、多くの人はどのあたりの成績を取るかが評価できそうです。一方で、単純に順位を求めたり、ある順位に到達するにはどの程度の成績を取るかを知ることもできそうです。

4-1 平均と標準偏差を元に評価の基準を確認しよう

　競合する商品の中で自社の商品の存在感を高めたり、多くのライバルの中で優位に立ったりするためには、今どの位置にいるかを知ることが出発点になります。また、どの位置に到達するにはどれだけの向上を図らねばならないかを知る必要もあります。

　第3章までは、集団全体の特徴を見てきました。詳細な分析のためにやるべきことはまだありますが、この章では、視点を少しばかり個々のデータのほうに移して、集団の中での位置付けなどについて見ていきましょう。

元のデータがなくても、平均と標準偏差から自分の位置が求められるよ。ただし、「正規分布」という前提に注意。

データがなくても順位が分かる!?

　分布とは、データがどのように散らばっているかということでした。収集したデータを元にヒストグラムを作成すると分布の様子が視覚化できます。つまり、ヒストグラムとは実際に収集したデータの分布を表すものです。

　一方で、理論的にこういう確率でデータが現れるだろう、と計算で求められる分布もあります。そういった分布を理論分布と呼びます。例えば、宝くじの1等が当たる確率は何％、2等が当たる確率は何％……というのも理論分布にあたります。これらの値は、実際にデータを収集して求めたものではなく、計算で求められたものです。

　理論分布の中で、よく使われるものに正規分布があります。日常のあらゆる分布が正規分布に従っているわけではありませんが、一般に広く

使われている分布です。宝くじの当選確率はかなり偏りのある分布ですが、正規分布は🍊 図表 4-1 のような形になります。つまり、平均値の近くにデータが比較的多く集まっていて、平均値から離れるとデータが少なくなるような分布です。

全体の中で上位何％の位置かを調べる

小麦粉検定のデータが正規分布に従っているものとして、ツトムくんがどのあたりの位置にいるかを考えてみましょう。🍊 図表 4-1 は、小麦粉検定の平均値と標準偏差を利用して作成した正規分布のグラフです。すべてのデータがなくても、**平均値と標準偏差だけからグラフが描ける**ことが重要です。小麦粉検定の平均値は 59.5 点、標準偏差は 21.13 です。ツトムくんの点数は 75 点でした。

🍊 **図表 4-1　平均 59.5、標準偏差 21.13 の正規分布のグラフ**

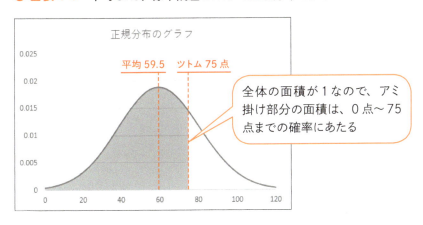

正規分布のグラフではグラフと x 軸で囲まれた範囲全体の面積が 1 になります。ツトムくんの点数（75 点）の位置までアミを掛けておきましたが、この部分の面積は、NORM.DIST 関数で簡単に求められます。

> **統計レシピ**
>
> 正規分布で全体の何パーセントの位置にいるのかを知るには
>
> | 方　　法 | 正規分布の累積確率を求める |
> |---|---|
> | 利用する関数 | NORM.DIST 関数 |
> | 準　　備 | 平均値と標準偏差を求めておく |

　ここでは、NORM.DIST 関数を使って、下限から 75 点までの確率を求めるので、累積確率を求めるように指定します。「累積」とは、ある位置からある位置までの値を全部加えたもの、という意味です。

練習用ファイル
4_1.xlsx

操作 4-1　75 点がどの位置にあたるかを求める

	A	B	C	D	E	F
1			小麦粉検定模擬試験成績			
2						
3	受験番号	得点		平均値	59.5	
4	001	76		標準偏差	21.13	
5	002	15				
6	003	64		受験番号	006	
7	004	55		得点	75	
8	005	75		上位からの位置	0.232	

「=1-NORM.DIST(E7,E3,E4,TRUE)」と入力

　NORM.DIST 関数で求めた累積確率は、下限からの累積確率です。したがって、1 から NORM.DIST 関数の結果を引けば、上位から何％の位置にいるかが分かります。

そのようにして求めた値がセル E8 の 0.232 という値です。つまり、ツトムくんは、上位から 23.2% の位置にいることになります。分布が**正規分布に従っている場合、平均値と標準偏差さえ分かっていれば、全体の中での位置が計算で求められる**というわけです。

● 図表 4-2　上位からの確率を求める

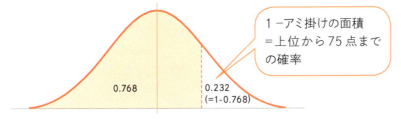

　なお、NORM.DIST 関数の最後の引数に FALSE を指定すると確率密度関数の値が求められます。これは、例えば 75 点のときの縦軸の値（0.0144）にあたりますが、ちょうど 75 点の人が 0.0144 の確率で現れるという意味でないことに注意が必要です。

上位 10％に入るための点数を調べる

　次は、逆の計算をやってみましょう。つまり、累積確率から点数（xの値）を求める計算です。● 図表 4-1 であれば、網掛けの部分の面積から 75 点という値を求める計算にあたります。この値は、NORM.INV 関数で求められます。

● 図表 4-3　累積確率を元に x の値を求める

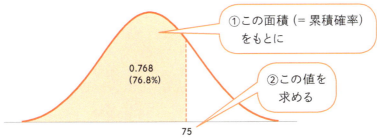

統計レシピ

正規分布で全体の何％かにあたる値を知るには

方　法	正規分布の累積確率から値を求める
利用する関数	NORM.INV 関数
準　備	平均値と標準偏差を求めておく。累積確率を指定する

ここでは、上位 10% の位置にあたる得点を求めてみましょう。それが分かれば、合格点を決める基準が得られます。

練習用ファイル
4_2.xlsx

操作 4-2　上位 10% にあたる得点がいくらかを求める

	A	B	C	D	E	F
1			小麦粉検定模擬試験成績			
2						
3	受験番号	得点		平均値	59.5	
4	001	76		標準偏差	21.13	
5	002	15				
6	003	64		上位からの位置	10%	
7	004	55		xの値	86.6	

「=NORM.INV(1-E6,E3,E4)」と入力

上位 10% ということは下位からの累積確率は 90% だね。だから 1 から 10% を引いた値を指定するよ。

上位 10% に対する得点は 86.6 点でした。つまり、上位 10% を合格にしたいのであれば、合格点を 87 点あたりに設定すればいいということになります。

100

離散分布と連続分布

分布には、値が飛び飛びに現れる離散分布と、値が連続して現れる連続分布とがあります。例えば、アタリかハズレかが1/2の確率のくじを10回引いたときに、アタリが何回出るかは、以下のような分布になります。横軸がアタリの回数、縦軸はその回数だけ当たる確率です。

図表4-4 アタリの回数の確率分布

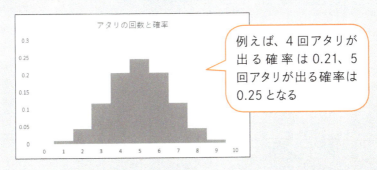

例えば、4回アタリが出る確率は0.21、5回アタリが出る確率は0.25となる

この確率分布は二項分布と呼ばれるもので、以下のような式で求められます。この段階では、数式の意味が分からなくても気にしなくて大丈夫です。

$$\binom{n}{k} p^k (1-p)^{(n-k)}$$

$\binom{n}{k}$ はn個の中からk個を選ぶ組み合わせの数です。ここでは、pはアタリの確率、nはくじを引く回数（試行数）、kはアタリの数（図表4-4の例であれば、n=10、k=0、1、2、……10、p=1÷2となります）。

二項分布のように、**横軸の値が飛び飛びに現れる分布を離散分布と呼びます**。離散分布にはほかにもポアソン分布や超幾何分布などがあります。

ところで、このようなくじを引く回数（試行回数）をどんどん増やしていくと、平均値がnp、分散がnp（1-p）の正規分布に近づいていくことが分かっています。正規分布を表す式は以下のようになります。やはり、この段階では数式の意味が分からなくても大丈夫です。

$$\frac{1}{\sqrt{2\pi}\sigma} e^{-\frac{(x-\mu)^2}{2\sigma^2}}$$

（μは平均値、σ^2は分散、πは円周率、eは自然対数の底）

平均値が0、標準偏差が1の正規分布を標準正規分布と呼びます。以下に示したグラフは標準正規分布のグラフです。

● 図表 4-5　平均値0、標準偏差1の正規分布のグラフ（確率密度関数）

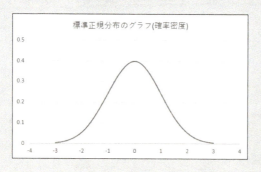

正規分布のように**横軸の値が連続して現れるような分布を連続分布と呼びます**。連続分布にはほかにもt分布やF分布、カイ二乗分布などがあります。

異なる分布の間で位置を比較するには

　同じ75点でも、平均値が60点のときの75点と、平均値が80点のときの75点とでは、価値が違います。また、平均値が同じ60点でも、標準偏差が10のときの75点と、標準偏差が20のときの75点とでは、やはり価値が違います。つまり、分布が異なると単純に点数を比較するわけにはいかないというわけです。

● 図表 4-6　平均値と標準偏差が異なると点数の価値も異なる

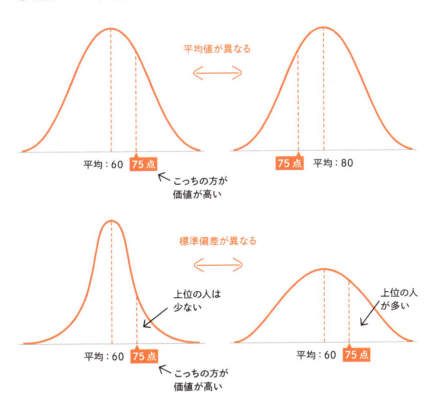

このような場合、**平均値と標準偏差を揃えると比較ができる**ようになります。まず、すべての値から平均値を引いた値を求めると、それらの値の平均値が 0 になります。続いて、それらの値をすべて標準偏差で割った値を求めると、それらの値の標準偏差が 1 になります。これで平均値が 0、標準偏差が 1 に揃います。

　ただ、このようにして求めた値は小さな値なので、あまり実感が湧かないかもしれません。そこで、標準偏差が 10 になるように値を 10 倍して、平均値が 50 になるように値に 50 を足します。そのようにして求めた値が偏差値です。数式で表すと以下のようになります。

$$\frac{(x - \bar{x})}{s} \times 10 + 50$$

（$\bar{x}$は平均値、sは標準偏差）

　例えば、平均値が 60 点、標準偏差が 10 のときの 75 点の偏差値は、
$$(75 - 60) \div 10 \times 10 + 50 = 65$$
となり、平均値が 60 点、標準偏差が 20 のときの 75 点の偏差値は、
$$(75 - 60) \div 20 \times 10 + 50 = 57.5$$
となります。つまり、標準偏差が 10 のときの方が 75 点の価値は高いということになります。

統 計 レ シ ピ

平均値と標準偏差が異なる分布で値を比較するには

方　法　｜ 偏差値を求める
準　備　｜ 平均値と標本標準偏差を求めておく

では、ツトムくんの偏差値を求めてみましょう。これまでに登場した関数だけで計算できます。

練習用ファイル
4_3.xlsx

操作 4-3　偏差値を求める

①「=AVERAGE(B4:B53)」と入力

②「=STDEV.P(B4:B53)」と入力

	A	B	C	D	E	F
1			小麦粉検定模擬試験成績			
2						
3	受験番号	得点		平均値	59.5	
4	001	76		標準偏差	21.13	
5	002	15				
6	003	64		受験番号	006	
7	004	55		得点	75	
8	005	75		偏差値	57.3	
9	006	75				
10	007	100				
11	008	85				

③「=(E7-E3)/E4*10+50」と入力

偏差値を求めるときは、P.088で紹介した標本標準偏差を使うことに注意だよ。

ここでは、1つの試験での偏差値しか求めていませんが、複数回の試験や異なる科目の試験など、**異なる分布であっても偏差値を使えばどの位置にいるかが比較できます。**

偏差値って序列化のために使われることが多いから、あまりいい印象を持っていない人もいるよね。でも、すごく役に立つ数値なんだよ。

正規分布に含まれる値の範囲

　正規分布では、平均値をμ、標準偏差をσと表すと、$\mu \pm \sigma$の範囲に68.27%の値が含まれ、$\mu \pm 2\sigma$の範囲に95.45%の値が含まれることが分かっています。

◯ 図表4-7　正規分布と値の範囲

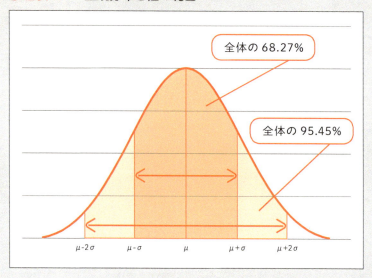

　したがって、$\mu+\sigma$の位置は上位から15.87%の位置となり、$\mu+2\sigma$の位置は上位から2.28%の位置となります（それぞれ、(100 − 68.27) ÷ 2、(100 − 95.45) ÷ 2で求められます）。
　偏差値は平均値が50で標準偏差が10なので、偏差値が60なら上位から15.87%、偏差値が70なら上位から2.28%の位置にいることになります。

4-2 順位や範囲を求めて目標設定に役立てよう

4-1節では正規分布を前提として、自分の位置を求めたり、比較したりする方法を見ました。分布の平均と標準偏差さえ分かれば、位置や範囲を求められるという利点がありますが、分布に偏りがあったり、極端な値があると適切な結果が得られなかったりすることがあります。そのような場合、順位を元にして位置を求めると、分布の形や極端な値の影響をあまり受けない結果が得られます。

順位は日常的な感覚で分かるような気がするけど、けっこう奥が深いんだよ。

順位を求めたり比較したりするには

順位とは、大きいものから（あるいは小さいものから）順に並べたときに何番目に位置するか、ということです。……と、改めて説明するほどのことでもありませんが、同じ値があったときの順位の付け方にはいくつかの方法があります。

また、順位はパーセント単位でも求められます。

統計レシピ

同順位があるときの順位を求めるには

方　法	同じ順位を付ける方法と平均値を与える方法のいずれかを使う
利用する関数	RANK.EQ 関数、RANK.AVG 関数

順位を求めるための2つの方法

順位を求めるには、RANK.EQ関数とRANK.AVG関数が使えます。RANK.EQ関数では、同じ値があったときには一番上の位置を順位とします。一方、RANK.AVG関数では、一番上の位置と一番下の位置の平均を順位とします。簡単な例で見てみましょう。

● 図表4-8　RANK.EQ関数とRANK.AVG関数の違い

90点が2人いる

点数	100	90	90	85	70
RANK.EQでの順位	1	2	2	4	5
RANK.AVGでの順位	1	2.5	2.5	4	5

上の例では、90点が2人います。本来なら2位と3位の位置ですが、RANK.EQ関数では、上位の順位を与えるので、いずれも2位となります。一方、RANK.AVG関数では、2位と3位の平均値である2.5を順位とします。いずれの関数でも次の85点の人は4位になります。

では、小麦粉検定模擬試験のデータ（操作4-1）を使って試してみましょう。受験者は50人いるので、受験番号はセルA4～A53に、得点はセルB4～B54に入力されています。ツトム君は受験番号006番で、成績は75点でした。

　RANK.EQ 関数でも RANK.AVG 関数でも、最後の引数を省略するか 0 を指定すると、大きい値に上位の順位が付けられます。1 を指定すれば小さい値が上位となります。データの範囲は並べ替えられていなくても構いません。

練習用ファイル
4_4.xlsx

操作 4-4　75点の順位を求める

① 「=RANK.EQ(E5,B4:B53,0)」と入力

② 「=RANK.AVG(E5,B4:B53,0)」と入力

	A	B	C	D	E	F
1			小麦粉検定模擬試験成績			
2						
3	受験番号	得点		受験番号	006	
4	001	76				
5	002	15		得点	75	
6	003	64		順位	15	
7	004	55		順位(同順位は平均)	16	
8	005	75				
9	006	75				

> 75点の人が3人いるので、RANK.AVG関数の結果は15位、16位、17位の平均値、つまり16位となるよ。次の順位はいずれも18位だね。

　RANK 関数では、順位を求めたい数値として元のデータの範囲にない値を指定すると［#N/A］エラーになることに注意してください。

109

パーセント単位での順位を求める

ところで、15 位や 16 位がいい成績なのかそうではないのかは、値だけを見てもよく分かりません。例えば、50 人中 15 位と、1000 人中 15 位では価値が違います。そこで、全体の何パーセントの位置かという表し方にしてみましょう。そうすれば、全体の数（母数）がいくらであっても、統一的に順位を表せます。

統計レシピ

全体の数が異なる場合でも順位を比較できるようにするには

方　法	パーセント単位で順位を求める
利用する関数	PERCENTRANK.INC 関数、PERCENTRANK.EXC 関数

パーセント単位（百分率）で順位を求めるには、PERCENTRANK.INC 関数と PERCENTRANK.EXC 関数が使えます。**PERCENTRANK.INC 関数は最上位を 1、最下位を 0 としたパーセント単位での順位を返し、PERCENTRANK.EXC 関数は 1 と 0 とを含まないパーセント単位での順位を返します。**

● **図表 4-9** PERCENTRANK.INC 関数と PERCENTRANK.EXC 関数の違い

点 数	100	90	90	85	70	60	50
PERCENTRANK.INC での順位	1	0.667	0.667	0.5	0.333	0.167	0
PERCENTRANK.EXC での順位	0.875	0.625	0.625	0.5	0.375	0.25	0.125

PERCENTRANK.INC 関数では、先頭を 0 番とし、データの個数を n 個としたとき、k 番目のデータを 1 − k ÷（n − 1）の位置と表します。ただし、同順位には下位の番号を与えて計算します。例えば、100 点が 0 番となり、90 点は 2 つあるので 1 番ではなく 2 番、という番号になります。

　この場合、90 点の順位は、k=2、n=7 なので、1 − 2 ÷（7 − 1）= 0.666...、つまり 66.7% となります。

　一方の PERCENTRANK.EXC 関数では、先頭を 1 番とし、k 番目のデータを 1 − k ÷（n + 1）の位置と表します。やはり、同順位には下位の番号を与えて計算します。

　この場合、90 点の順位は、k = 3、n = 7 なので、1 − 3 ÷（7 + 1）= 0.625、つまり 62.5% となります。

　これも、小麦粉検定模擬試験のデータを使って試してみましょう。これらの関数では、順位を求めたい数値として元のデータの範囲にない値も指定できます。その場合、補間が行われて結果が求められます。

操作 4-5　75点のパーセント単位での順位を求める

① 「＝PERCENTRANK.INC(B4:B53,E5)」と入力
② 「＝PERCENTRANK.EXC(B4:B53,E5)」と入力

INC は include（含む）、
EXC は exclude（除く）の略だね。

　結果は小数で表示されますが、表示形式をパーセントスタイルにすれば、67.3%、66.6% といった表示にできます。これで、母数がいくらであっても統一的に順位が表せます。

Tips パーセント単位での順位を求めるときに小数点以下の表示桁数を指定するには
PERCENTRANK.INC 関数や PERCENTRANK.EXC 関数では、3番目の引数として有効桁数が指定できます。有効桁数を省略すると「3」が指定されたものとみなされ、小数点以下3桁までが求められます。

成績上位に入るためには何点必要？

　ツトムくんの成績は順位では15位あたり、パーセント単位では67%あたりであることが分かりました。では、10位以内に入るには何点取ればいいのでしょうか。また、上位15%に入るには何点取ればいいのでしょうか。

10位以内に入る得点を求める

大きいものから数えて何番目かの値を求めるにはLARGE関数を使い、小さいものから数えて何番目かの値を求めるにはSMALL関数を使います。ここでは10位に入るための成績を求めてみましょう。点数の大きい方が上位なのでLARGE関数を使います。引数に指定するデータの範囲は並べ替えられていなくても構いません。

統計レシピ

順位からその位置の値を知るには

方法	上位から数えて何位かの値または下位から数えて何位かの値を求める
利用する関数	LARGE関数、SMALL関数

練習用ファイル
4_6.xlsx

操作 4-6　10位に入るための成績を求める

「=LARGE(B4:B53,10)」と入力

10位の得点は78点なので、あと3点取ればいいことが分かります。なお、SMALL関数も引数の指定方法は同じです。

上位何パーセントかに入る値を求める

　全体の何パーセントかにあたる値のことをパーセンタイルまたはパーセンタイル値と呼びます。パーセンタイル値はPERCENTILE.INC関数（パーセンタイル・インクルーシブ）やPERCENTILE.EXC関数（パーセンタイル・エクスクルーシブ）を使って求めます。**PERCENTILE.INC関数は最大値を1とし、最小値を0としますが、PERCENTILE.EXC関数は1と0を含みません。**

統計レシピ

パーセント単位での順位からその位置の値を知るには

方　法	パーセンタイル値を求める
利用する関数	PERCENTILE.INC関数、 PERCENTILE.EXC関数

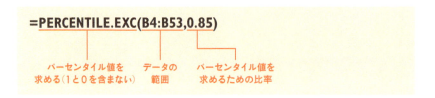

では、上位15%に到達するためには何点取ればいいかという値を求めてみましょう。PERCENTILE.INC関数やPERCENTILE.EXC関数には下位から数えて全体の何パーセントかという値を指定します。上位15%なら85%にあたる値、つまり85パーセンタイル値を求めることになります。

練習用ファイル
4_7.xlsx

操作 4-7　85パーセンタイル値を求める

①「＝PERCENTILE.INC(B4:B53,0.85)」と入力

②「＝PERCENTILE.EXC(B4:B53,0.85))」と入力

	A	B	C	D	E	F
1			小麦粉検定模擬試験成績			
2						
3	受験番号	得点		85%までの得点(0と1を含む)	80.95	
4	001	76		85%までの得点(0と1を含まない)	82	
5	002	15				
6	003	64				

85%ということは0.85ということだね。引数には85%と指定しても0.85と指定してもいいよ。

　上位15%に入るには81点ないし82点を取る必要があることが分かりました。LARGE関数やSMALL関数では、10位とか20位といった整数の順位しか指定できませんが、PERCENTILE.INC関数やPERCENTILE.EXC関数では、0.85のような小数も指定できます。

115

四分位範囲や外れ値を知る

　パーセンタイル値のうち、25パーセンタイル値のことを第1四分位数、75パーセンタイル値のことを第3四分位数と呼びます。**全体を小さい順に並べて4つに分けたうちの最初の1つまでが第1四分位数にあたり、最初の3つまでが第3四分位数にあたる**というわけです。

🍀 図表 4-10　四分位数と四分位範囲

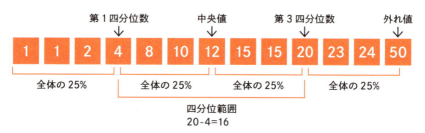

　なお、0パーセンタイル値は最小値に、50パーセンタイル値（第2四分位数）は中央値に、100パーセンタイル値は最大値にあたります。
　あとでまた詳しく説明しますが、四分位範囲は「第3四分位数－第1四分位数」で求められます。外れ値は極端な小さな値や極端に大きな値のことです。

四分位数を求める

　四分位数はPERCENTILE.INC関数やPERCENTILE.EXC関数を使っても求められますが、QUARTILE.INC関数やQUARTILE.EXC関数を使っても求められます。結果は同じですが、これらの関数を使った方が四分位数を求めていることがよく分かります。

統計レシピ

全体の 1/4 にあたる値や全体の 3/4 にあたる値を求めるには

方　法	第 1 四分位数や第 3 四分位数を求める
利用する関数	QUARTILE.INC 関数、QUARTILE.EXC 関数

　QUARTILE.INC 関数は最大値を 1 とし、最小値を 0 としますが、QUARTILE.EXC 関数は 1 と 0 を含みません。

　小麦粉検定のデータを使ってもいいのですが、外れ値がないので、ちょっと違ったデータで試してみましょう。操作 4-8 は賃貸マンションの物件データを集めたもので、家賃のデータがセル G4 〜 G53 に入力されています。この、家賃の四分位数と四分位範囲を求めてみましょう。

> 練習用ファイル
> 4_8.xlsx

操作4-8　第1四分位数、第3四分位数、四分位範囲を求める

	A	B	C	D	E	F	G	H	I	J	K
1					マンション物件データ						
2											
3	No.	駅歩	築	階	間取り	面積	家賃		第1四分位数(0と1を含む)	6.825	❶
4	1	7	19	2	2LDK	38.35	14.9		第3四分位数(0と1を含む)	10.875	❷
5	2	3	22	2	1K	22.85	7.4		四分位範囲	4.05	❸
6	3	3	22	4	1K	21.96	8				
7	4	3	22	6	1K	21.96	8		第1四分位数(0と1を含まない)	6.8	❹
8	5	3	34	7	1R	18.03	5		第3四分位数(0と1を含まない)	11	❺
9	6	4	16	3	1DK	36.83	11.2		四分位範囲	4.2	❻
10	7	6	26	2	1K	17.62	5.3				
11	8	6	26	2	1K	19	4.9				

❶「=QUARTILE.INC(G4:G53,1)」と入力
❷「=QUARTILE.INC(G4:G53,3)」と入力
❸「=J4-J3」と入力
❹「=QUARTILE.EXC(G4:G53,1)」と入力
❺「=QUARTILE.EXC(G4:G53,3)」と入力
❻「=J8-J7」と入力

> 例えば、下位から1/4にあたる家賃は6.8万円といったところだということが分かるね。

四分位数や四分位範囲はデータの分布や多くのデータが含まれる範囲を知るのによく使われます。

箱ひげ図を作る

四分位数を元に、**箱ひげ図と呼ばれるグラフを作成すると、分布のようすや外れ値が視覚化できます。**

統計レシピ

分布の範囲や外れ値を視覚化するには

方　法　│　箱ひげ図を作成する

Excelでは、あらかじめ四分位数や四分位範囲を求めておかなくても、元のデータから箱ひげ図が作成できます。

操作 4-9　箱ひげ図を作成する

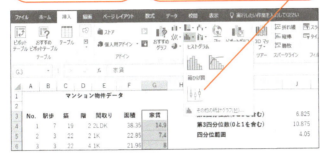

①セルG3〜G53を選択

②[挿入]タブ→[統計グラフの挿入]→[箱ひげ図]を選択

見出しを付けたり、書式を整えたりすれば以下のようなグラフができあがります。

図表 4-11　箱ひげ図の作成例

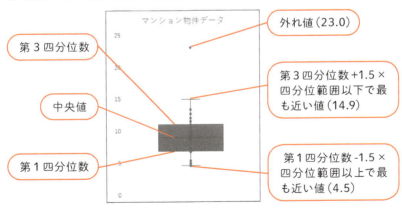

箱ひげ図では、四分位範囲を箱で表し、「第1四分位数 − 1.5 ×四分位範囲」以上の最も近い値と「第3四分位数 + 1.5 ×四分位範囲」以下の最も近い値を「ひげ」として表します。

119

物件データでは第1四分位数が6.8、第3四分位数が11となっているので（0と1を含まない場合）、6.8〜11が箱となります。

　また、四分位範囲は11 − 6.8なので4.2です。したがって、「ひげ」の位置は6.8 − 1.5 × 4.2 = 0.5以上で最も近い値（最小値の4.5）と、11 + 1.5 × 4.2 = 17.3以下で最も近い値（14.9）となります。

　この場合、「ひげ」の外側にある値は、かけ離れた値なので外れ値と呼ばれます。 物件データでは23という値が外れ値です。

　なお、作成されたグラフが 図表 4-11 のようになっていない場合は、[データ系列の書式設定] 画面で設定を変更するとよいでしょう。

操作 4-10　箱ひげ図のデータ系列の書式を設定する

①系列（グラフの箱の部分）を右クリックし、[データ系列の書式設定]→[データ系列の書式設定] 画面を表示しておく

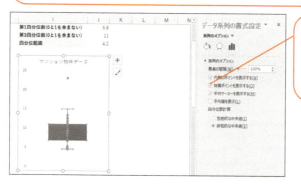

②[特異ポイントを表示する]をオンにすると外れ値が表示される

Tips　四分位計算の「包括的な中央値」と「排他的な中央値」とは
上の画面で、[包括的な中央値] をオンにすると、QUARTILE.INC 関数で求められた値が箱ひげ図の作成に使われ、[排他的な中央値] をオンにすると、QUARTILE.EXC 関数で求められた値が使われます。

箱ひげ図を見ると、分布の偏りも分かるよ。広く分布してる方に箱やひげが長くなるってわけ。

4-3 全体に占める割合を元にターゲットをつかもう

　話はややそれるのですが、これまで位置や割合について見てきたので、ある項目が全体の中でどれだけの割合（比率）を占めているかを知る方法についても見ておきましょう。たとえば、ある支店の売り上げが全支店の何割を占めているとか、ある商品の売り上げが全売上高の何割を占めているかといったことです。

　全体に占める割合の大きな項目は主要なターゲットになります。

マトに当たる確率を上げるには、大きなマトを狙えばいいってこと。狙いの精度を上げるってアプローチももちろん重要だけど。

割合を求めて視覚化する

　割合は、個々の値÷全体の値で求められます。全体を構成するもののうち、どれだけの割合を占めるか、という意味で「構成比」と呼ばれることもあります。ここでは、商品の製造段階でのトラブルについて、原因を調べたデータを使って見てみましょう。

統計レシピ

全体の中で大きな割合を占めている項目を知るには

| 方法 | 構成比を求めたり、円グラフを作ったりする |
| 準備 | 降順に並べ替えておく |

構成比を求める

構成比は単純な割り算で求められます。全体（合計）を絶対参照にしておけば、数式をコピーするだけですべての構成比を求められるので、すばやく表が作れます。

練習用ファイル
4_9.xlsx

🖐 操作 4-11　製造トラブルの構成比を求める

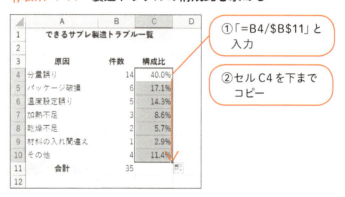

①「=B4/$B$11」と入力

②セル C4 を下までコピー

C 列の値は、小数で表示されますが、表示形式をパーセントスタイルに変更すれば上の画面のように表示されます。

構成比を視覚化する

構成比を視覚化するのに適したグラフは円グラフです。 どの項目がどれだけの割合を占めているかがひとめで分かります。先頭の値から順にグラフが描かれるので、大きな値が最初に描画されるように、件数の降順に並べ替えておく必要があります。ただし、「その他」は最後に表示したいので、並べ替えの対象から外しています。

操作 4-12　円グラフを使って構成比を視覚化する

①セルA3～B10をあらかじめ選択しておく

②［挿入］タブ→［円またはドーナツグラフの挿入］→［円］を選択

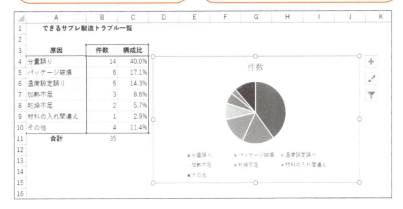

　特に範囲を指定せず、表内のいずれかのセルをアクティブセルにした状態でグラフを作ると、合計の値も系列に含まれてしまうので、意味のないグラフになってしまいます。その場合、グラフを作成してから系列の範囲を変更して、合計の値を系列から除外する必要があります。

Tips　グラフ化するデータ系列の範囲を簡単に変えるには
元のデータの周囲に表示されている青い枠線の四隅のハンドルをドラッグします。一部の値をグラフから除外するときに便利な操作です。

　円グラフは元のデータから作成できるので、グラフを作るだけであれば構成比を求めておく必要はありません。しかし、値を確認できるように、構成比もきちんと求めておいた方がいいでしょう。

重点項目の洗い出しには「ABC分析」が役立つ

　構成比の大きな項目は、さまざまな意味で重要な項目と言えます。製造段階でのトラブルの例であれば、最も構成比の大きい「分量誤り」がなぜ起こるのかを早急に調査する必要があることがわかります。加えて、「パッケージ破損」や「温度設定誤り」などについても調査が必要になりそうですが、すべての項目に取り組むのは工数的な制約を考えると不可能です。どこまでを重点項目とするか、切り分けが必要になってきます。

　このような切り分けに役立つのがパレート図を使ったABC分析です。Excel 2016ではパレート図が簡単に作成できます。理屈は後回しにして、グラフの作成からはじめてみましょう。

統計レシピ

重点項目を知るには

方　法	ABC分析を行う
準　備	パレート図を作成する

パレート図を作る

　パレート図を作成すると、各項目の値が棒グラフで表示され、構成比の累計が折れ線グラフで表示されます。パレート図では、値が並べ替えられていなくても、自動的に降順に並べ替えたグラフが作成されます。

練習用ファイル
4_10.xlsx

操作 4-13　パレート図を作成する

①セル A3〜B10をあらかじめ選択しておく

②[挿入]タブ→[統計グラフの挿入]→[パレート図]を選択

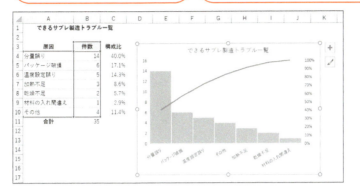

折れ線グラフは時間的な変化など、値の推移を見るのに適しているけど、この例のように、数量が累積していく様子を表す場合にも使われるよ。

ABC分析を行う

パレート図が描画できたら、右側の軸の70%の位置から折れ線グラフに向かって線を引き、折れ線グラフと交わった点で下に線を下ろします。また、90%の位置でも同じことをします。

図表 4-12　ABC分析の手順

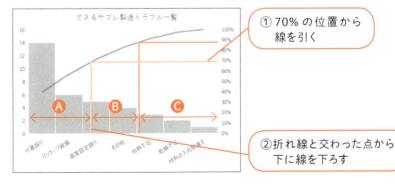

① 70%の位置から線を引く

② 折れ線と交わった点から下に線を下ろす

全体の70%までの項目をクラスA、90%までの項目をクラスB、それ以降の項目をクラスCとします。この例なら、「分量誤り」から「温度設定誤り」がクラスAとなり、「加熱不足」までがクラスBになります。
　クラスAは最重要項目です。 クラスAの原因を潰せば、トラブルの70%は解決することになります。売り上げに関するデータであれば、売上全体の70%に貢献している顧客や売れ筋商品が洗い出せます。
　一方、クラスCは、重要性の低い項目と位置付けられます。しかし、無視していいというわけではありません。頻度は小さいながらも重要な問題が隠されていることもあるからです。
　顧客であればテコ入れすることにより売り上げに貢献できるようになるかもしれません。商品であれば、比率は大きくないものの、長期にわたって支持されている商品かもしれません。もちろん、経緯や状況と照らし合わせて、販売中止という判断が必要になるかもしれません。
　なお、顧客や商品の数がきわめて多い場合には、数多くの項目がクラスCに位置することもあります。パレート図を作ると長い尻尾を引きずっているような形になるので、その部分をロングテールと呼ぶことがあります。多品種少量生産・販売を行う場合にはロングテールの商品をいかに効率よく取り扱うかが重要になってきます。

これまで何が重要かを感覚でしか考えていませんでした。取り組むべき課題に優先順位が付けられると、時間や人員をうまく配分できそうですね。

クラスAは本命、クラスCは大穴といったところだね。堅実に本命を攻めるのも大切だけど、大穴の可能性に賭けてみる大胆さも時には必要だね。

第 **5** 章

関係から問題解決の糸口を得る

相関関係・回帰分析・重回帰分析

STORY

人のいいツトムくんはまたまた何か頼まれたようです。総務部の同期から、家賃補助の基準を検討するために、賃貸住宅の家賃について分析したいという相談を受けたのですが、家賃の平均や標準偏差だけでは不十分な気がしています。間取りや面積、築年数、駅からの距離などとの関係が気になるところです。

第5章を
はじめる
前に

家賃にはどんな要因が影響しているの？

　家賃がさまざまな要因によって決まるというのは常識的に理解できますが、これまでに見てきた分析方法だけでは、間取りや面積、築年数、駅からの距離などとの関係が分かりません。家賃に限らず、売り上げや成績などもさまざまな要因と関係しています。複数の変数同士の関係を知るにはどのような分析を行えばいいのでしょうか。

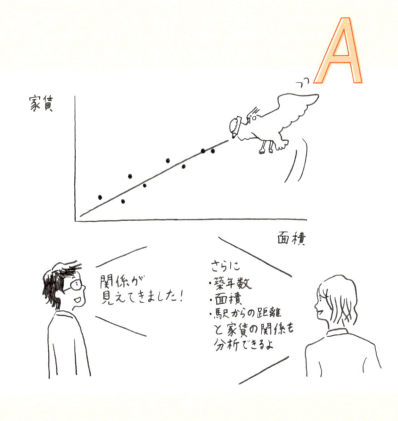

「関係」を視覚化し、要因の影響を見極める

　変数同士の関係と言われても想像が付かないかもしれませんが、xとyの関係と言えば、中学校で学んだ座標や一次関数を思い出します。例えば、面積を横軸に、家賃を縦軸にして、点を打っていけば関係が見えてきそうです。そのようなグラフを作成して関係を視覚化するところから始めて、相関係数や回帰分析に取り組んでみたいと思います。

5-1 関係の強さを視覚化したり数値化したりしよう

　第4章までは、分布の特徴を調べたり、代表値を求めたりしてきました。比較を行ったり、順位や比率を求めたりもしましたが、取り扱ってきたのは、インターネットの利用時間や商品の評価、検定試験の点数など、1つの変数だけでした。それらは目標の設定やターゲットの選択などには役に立ちましたが、どのように対処すればいいのかについてはあまり語ってくれません。

　この章では「関係」に注目してみたいと思います。散布図を作成して「関係」を視覚化したあと、相関係数を求めて関係の強さを評価してみます。さらには、一方の変数の値から他方の変数の値を予測する方法についても見てみましょう。

　関係が分かれば、どのような要因に注目して、どのような対策を採ればいいのかを考えるための手がかりが得られます。

家賃の話だけじゃなくて、売り上げの分析にも利用できるよ。売り上げに何が関係するかが分かれば営業戦略を立てるための突破口にもなるよね。

面積と家賃の関係を分析するには

　家族構成によって、最適な間取りは違ってきます。独身者であればワンルームや1Kでも十分でしょうが、夫婦と子供2人であれば2DK以上という希望が多くなりそうです。子供が大きくなるともうひと部屋あれば、と思うかもしれません。間取りと家賃の関係が分かれば、ライフステージに合わせたおおよその家賃も分かるでしょう。

　ここでは、間取りの代わりに、物件の面積と家賃の関係について調べ

てみましょう（間取りそのものを扱うこともできますが、分かりやすさを優先して面積を使うこととします）。

散布図によって関係を視覚化する

関係を視覚化するには散布図が役立ちます。そこで、面積と家賃の関係が分かるように散布図を作ってみましょう。以下の図では、横軸が面積で、縦軸が家賃です。

◗ 図表 5-1　散布図の例

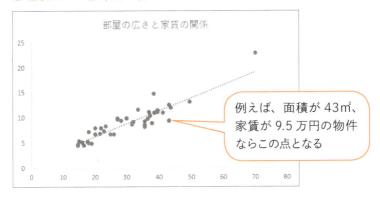

統計レシピ

関係を視覚化するには

方法 ｜ 散布図を作成する

次ページの表を見てください。物件データはセル A4 ～ G53 に入力されており、面積は F 列に、家賃は G 列に入力されています。グラフを作るときにはデータ範囲に見出しも含めるので、セル F3 ～ G53 をあらかじめ選択しておきましょう。

練習用ファイル
5_1.xlsx

操作 5-1　散布図を作成する

①セルF3〜G53を選択しておく

②[挿入]タブ→[散布図 (X, Y) またはバブルチャートの挿入]→[散布図]を選択

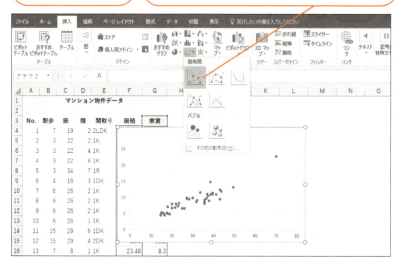

散布図を見ると、面積が増えれば家賃も高くなることが分かります。また、その関係は直線的であると言ってよさそうです。

Tips　散布図の点の近くを通る直線を表示するには
系列(散布図のいずれかの点)を右クリックして[近似曲線の追加]を選ぶと、各点の近くを通る直線が描けます。直線的な関係が想定される場合は[線形近似]を選択します。なお、上の例では[多項式近似]のほうが右上の離れた点に近い曲線が描けますが、誤差の大きな値に曲線を合わせすぎてしまっている可能性もあるので注意が必要です。

面積と家賃は関係がありそうだと、感覚的には分かりますが、視覚化するとより明確になりますね。

相関係数を求めて関係の強さを知る

面積と家賃のように、**一方の値が増えれば他方の値も増えるといった関係のことを相関関係と呼びます**。次のようなイメージで捉えるといいでしょう。

● 図表5-2　相関関係のイメージ

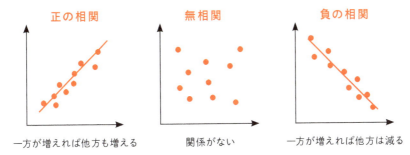

相関関係を数値で表すには相関係数が使われます。**相関係数とは、2つの変数の関係の強さを表す値です**。値は-1～1の範囲で、以下のような意味を持ちます。

1に近い：正の相関（一方が増えれば他方も増える）
0に近い：無相関（関係がない）
-1に近い：負の相関（一方が増えれば他方は減る）

統計レシピ

2つの変数の関係の強さを知るには

方　法　｜　相関係数を求める
利用する関数　｜　CORREL関数（コリレーション）

ただし、**相関係数は直線の傾きを表す値ではありません**。直線の近くにどれだけデータが集まっているかというイメージで捉えてもらっても構いませんが、そうでない場合もあります（後述しますが、対応するデータの、平均値からの距離がどの程度同じ方向に変化するかということです）。相関係数を求めるには CORREL 関数を使います。

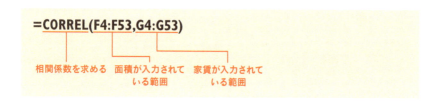

では、CORREL 関数を入力してみましょう。物件データの場合は、面積が増えれば家賃も高くなるので、正の相関が見られることが予想されます。

練習用ファイル
5_2.xlsx

操作 5-2　面積と家賃の相関係数を求める

相関係数は 0.9031 です。1 に近い値なので、面積と家賃にはきわめて強い正の相関のあることが分かりました。

なるほど、気温とビールの売り上げなら正の相関に、気温と携帯カイロの売り上げなら負の相関になりそうですね。

134

相関係数を自分で計算してみる

　標準偏差や分散の意味を考えたときと同じように、相関係数を手作業で計算してみましょう。手順は少し長いですが、計算そのものは単純なので、実際にやってみると相関係数の意味がよく分かります。

　相関係数を求めるための式は以下の通りです。

図表5-3　相関係数を求めるための式

総合計　各データー平均値　各データー平均値

$$\frac{\sum(x-\bar{x})(y-\bar{y})}{n \cdot s_x \cdot s_y}$$

データの件数　　xの標本標準偏差　　yの標本標準偏差

（$\bar{x}$は xの平均、$\bar{y}$は yの平均、n はデータの件数、
s_xは x の標本標準偏差、s_yは y の標本標準偏差）

　この数式の通りに計算してみましょう。ただし、物件データはデータの件数が多く、全体像が見づらいので、もっと簡単な例を使って試してみます。次ページの表は気温とビールの出荷数の表で、気温がセル B4 ～ B9 に入力されており、それに対するビールの出荷数がセル C4 ～ C9 に入力されています。

　数式にそって手順を追いかけると以下のようになります。

① $(x-\bar{x})$　気温の各データと平均値の差を求める（この値を「残差」と呼びます）

② $(y-\bar{y})$　荷数の各データと平均値の差を求める（この値を「残差」と呼びます）

③ $\sum(x-\bar{x})(y-\bar{y})$　①と②を掛け合わせてその合計を求める

④ $\dfrac{\Sigma(x-\bar{x})(y-\bar{y})}{n}$　③をデータの件数nで割る（この値を「共分散」と呼びます）

⑤ $\dfrac{\Sigma(x-\bar{x})(y-\bar{y})}{n \cdot s_x \cdot s_y}$　④を気温の標準偏差s_xと出荷数の標準偏差s_yで割る（これが相関係数です）

最初に、気温の平均値と標本標準偏差、出荷数の平均値と標本標準偏差を求めます。これは今までに見てきた知識だけでできます。

練習用ファイル
5_3.xlsx

操作 5-3　平均値と標本標準偏差を求める

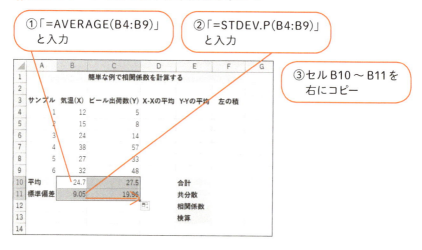

次に、各データと平均値との差（残差）を求めて、それらの積をすべて求めてみましょう。使うのは引き算と掛け算だけです。

操作 5-4　残差の積を求める

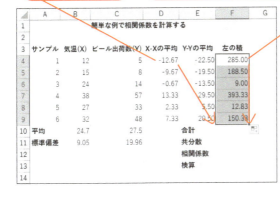

残差の積をすべて足して、データの件数で割れば共分散が求められます。さらに、共分散を気温と出荷数の標本標準偏差の積で割れば相関係数になります。

操作 5-5　共分散を求め、さらに相関係数を求める

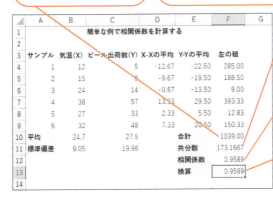

重要なのは各データと平均値との差を掛け合わせるというところです。
　例えば、気温が平均値から高い方にずれると、差は「正」になります。対応する出荷数も平均から高い方にずれると、やはり差は「正」になります。それらの積は正×正なので正の値です。
　一方、気温が平均値から低い方にずれると、差は「負」になります。対応する出荷数も平均値から低い方にずれると差は「負」になります。それらの積は、負×負なので、正の値になります。
　したがって、気温と出荷数が同じように動けば、それらの合計は正の値になるというわけです。

図表5-4　正の相関の場合、残差の積の符号は正になる

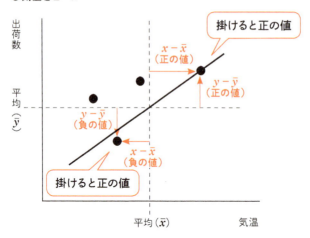

　気温と携帯カイロの出荷数のような場合はどうでしょう。
　気温が平均値から高いほうにずれると差は「正」になりますが、対応する出荷数は減るので、出荷数の平均値との差は「負」になります。それらの積は正×負なので負の値になります。

一方、気温が平均値から低い方にずれると差は「負」になりますが、対応する出荷数と平均値との差は「正」になります。それらの積は負×正なのでやはり「負」になります。したがって、気温と出荷数が逆に動けば、それらの合計は負の値になるというわけです。

図表 5-5　正負の相関の場合、残差の積の符号は負になる

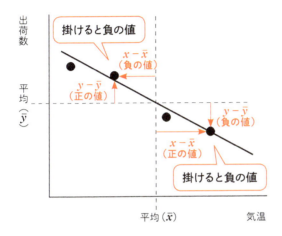

　残差の積の合計をデータの件数で割っているのは、残差の積の平均値を求めているのと同じことです。つまり、両方の変数が同じ方向に動いているか逆の方向に動いているかの平均値です。
　さらに標準偏差で割っているのは、値を標準化して-1〜1の範囲に収めるためです。
　いかがでしょう。理屈を知らなくても CORREL 関数だけで相関係数を求めることはできますが、計算の方法とその意味を考えると、なぜ1に近ければ正の相関で、-1に近ければ負の相関であるかということが納得できると思います。

相関係数を利用するときの2つの留意点

相関係数は関係の強さを表すためによく使われますが、誤解や誤用も多いので、注意が必要です。以下にそういった留意点をまとめておきましょう。

留意点①：相関関係は因果関係ではない

例えば、インターネットの利用時間と英語の検定試験の成績に正の相関が見られたとしましょう。それをもって、インターネットの利用が英語の習得に必須だ、と主張する人もいるかもしれません。しかし、**相関関係は必ずしも因果関係とは言えません。** インターネットを利用しているから英語の文章に親しむ機会が増えて成績が上がるのか、そもそも英語が得意だからインターネットを抵抗なく利用できるのかは分かりません。

● 図表5-6　**相関関係と因果関係は異なる**

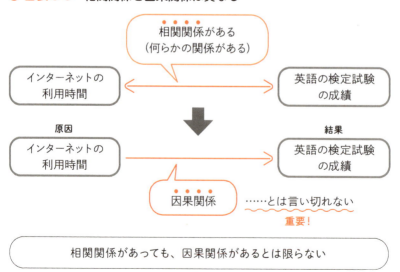

ここでは分かりやすい例を示したので、相関関係と因果関係とを混同してしまうことはないかと思いますが、意識していないと早合点してしまうことも多いようです。また、あたかも因果関係があるかのように、巧妙に誘導するような言説もあるので注意が必要です。

留意点②：疑似相関に要注意

　さらに、インターネットの利用時間と英語の検定試験の相関関係は、表面的なものかもしれません。英語の検定試験は学校の定期試験とは異なり、学年の区別なく行われるので、単に年齢が上だから成績がよかっただけかもしれません。また、年齢が上がるにつれ、学校の課題や趣味でインターネットを使うようになるのかもしれません。実際には、年齢とインターネットの利用時間の相関関係だったというわけです。

　このように、**真の相関関係が別にあるにもかかわらず、表面的に相関関係が見えてしまうことを疑似相関と呼びます**。因果関係との混同に加え、疑似相関にも注意が必要です。

▶ 図表 5-7　その相関関係は疑似相関かもしれない

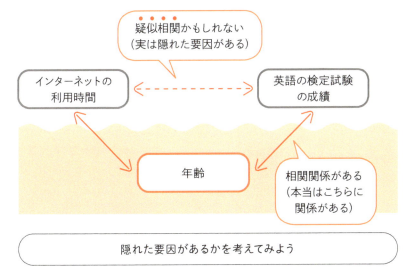

人気と実力の関係を順位相関で知る

　人気の高い商品は売上高も多いと考えられます。しかし、人気は高くても、ぜいたくな素材を使い、手間を掛けているため、価格が高くなって売り上げにつながっていない場合もあるかもしれません。

　そこで、人気ランキングと売り上げの関係を見てみたいと思います。前項の相関係数が使えそうなのですが、ランキングをそのまま計算に使うわけにはいきません。順位だと値が等間隔に並んでいるとは限らないからです。1位と2位の間隔と2位と3位の間隔は異なると考えるのがふつうです。

　値そのものではなく、**順位を使って関係を調べるには、順位相関を使います**。

間違った方法を使って計算しても、結果には意味がないってことですね。

そう。気温や距離のように、目盛が等間隔に並んだデータならこれまでに見てきた相関係数が使えるけど、順位を表すデータの場合は順位相関だね。

統計レシピ

順位を元に2つの変数の関係の強さを知るには

方　法	スピアマンの順位相関係数を求める
利用する関数	SUM関数、COUNT関数

順位相関にはスピアマンの順位相関やケンドールの順位相関がありますが、ここでは計算の簡単なスピアマンの順位相関係数を求めてみましょう。数式で表すと次のようになります。

🍒 図表 5-8　スピアマンの順位相関係数を求めるための式

総和　　（一方の順位－他方の順位）の 2 乗

$$1 - \frac{6 \times \sum (x_i - y_i)^2}{n(n^2 - 1)}$$

データの件数

（x_i と y_i は各データ、n はデータの件数）

数式の意味、つまり、計算方法は以下の通りです。
・対応する値の差の 2 乗を求める
・上記の値の合計を求める
・1 - 6 × 合計 ÷（件数×（件数の 2 乗 - 1））を求める

繰り返しになりますが、数式で表すのは、わざと難しく書いてイジワルしているわけではなく、文章で書くと長くなる話を簡単に表すためです。

ともあれ、計算方法が分かったので、さっそくやってみましょう。前ページの統計レシピにもあるように、利用する関数は SUM 関数と COUNT 関数だけです。順位相関係数の値も相関係数と同様、1 に近ければ正の相関、-1 に近ければ負の相関、0 に近ければ無相関となります。

練習用ファイル
5_4.xlsx

操作 5-6　スピアマンの順位相関係数を求めてみる

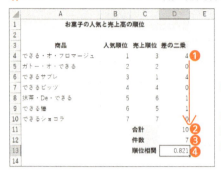

❶「=($B4-C4)^2」と入力し、セルD10 までコピー
❷「=SUM(D4:D10)」と入力
❸「=COUNT(D4:D10)」と入力
❹「=1-6*D11/(D12*(D12^2-1))」と入力

結果は 0.821 です。1 にかなり近いので、正の相関があると考えます。つまり、人気の高い商品は売り上げも大きいと言ってよさそうです。

> **知識が深まる！**
>
> ### 尺度のいろいろ
>
> 　変数の値を表すための尺度にはいくつかの種類があります。駅歩や築、面積のように一定の間隔で並んだ値は間隔尺度と呼ばれます。お菓子の好みを 5 段階で評価した値も間隔尺度のように思われますが、例えば、1 と 2 の間隔と 2 と 3 の間隔が等しいとは限りません。よほど嫌いでなければ「とても嫌い (1)」を付けないでしょうが、「どちらでもない (3)」と「少し嫌い (2)」の間はそこまで大きな差はないでしょう。このような尺度は、間隔は一定ではないものの順に並んでいるので、順序尺度と呼びます。また、数値で表されていても、単にカテゴリの違いを表すだけのものは名義尺度と呼ばれます。例えば、男性を 1、女性を 2 と表すような場合です。

5-2 回帰分析による予測を行ってみよう

相関関係は必ずしも因果関係ではありませんが、面積がどれだけなら家賃はいくらぐらいという予測はできます。逆に、家賃がいくらなら面積はどれぐらいかという予測もできるはずです。

ここでは、面積から家賃を予測してみましょう。そのためには回帰分析と呼ばれる方法を使います。

回帰って「当てはめ」だと考えるといいね。
つまり、データによく当てはまる式を求めるってこと。

面積から家賃を予測するには

面積と家賃とは直線的な関係であると言えそうです。ということは、その直線の式が分かれば、面積から家賃が予測できるはずです。直線の式は中学校で学びました。$y = ax + b$ でしたね。x にあたるものが面積で、y にあたるものが家賃です。

このとき、x を使って y を説明することになるので、**x を説明変数と呼び、y を目的変数と呼びます**。つまり、面積が説明変数、家賃が目的変数ということになります。また、**説明変数と目的変数の関係を表した式を回帰式と呼びます**。つまり、$y = ax + b$ が回帰式です。

回帰分析では、回帰式を求めたり、回帰式の当てはまりのよさを調べたり、予測を行ったりします。特に、**目的変数に対して説明変数が1つの場合の回帰分析を単回帰分析と呼びます**。

係数と定数項を求める

y = ax + b の a は直線の傾き（係数）、b は切片（定数項）です。図で表すと以下のようになります。

● **図表 5-9　回帰式を図で表す**

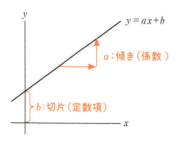

　係数とは、x が 1 増えたときに y がどれだけ増えるかという値です。定数項とは、x が 0 のときの y の値です。係数 a の値と定数項 b の値が決まれば、x に何らかの値を入れるだけで y の値が求められます。つまり、予測ができるというわけです。

統計レシピ

面積から家賃を予測するための回帰式を求めるには

| 方　法 | 単回帰分析により係数と定数項を求める |
| 利用する関数 | SLOPE 関数、INTERCEPT 関数 |

　実は、係数と定数項を求めずに一気に予測の結果を求めることもできるのですが、それは後回しにして、係数と定数項を求めてみましょう。SLOPE 関数と INTERCEPT 関数を使います。

いずれの関数も、目的変数を先に指定し、次に説明変数を指定します。

練習用ファイル
5_5.xlsx

操作 5-7　回帰式の係数と定数項を求める

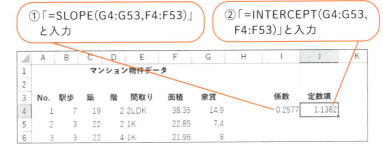

① 「=SLOPE(G4:G53,F4:F53)」と入力
② 「=INTERCEPT(G4:G53,F4:F53)」と入力

係数を見ると、面積が1㎡増えるごとに、家賃が0.2577万円増えることが分かります。定数項は、面積が0㎡のときの家賃ということになりますが、面積が0㎡の物件などはあり得ないので、この例では意味がありません（気温が0℃の時の出荷数や、広告を出していないときの売り上げなどを予測したい場合には、定数項に意味があります）。

なお、定数項を0として回帰式を求めると、係数は0.2906となりますが、

SLOPE関数では定数項を0としたときの係数は求められません。P.154のLINEST関数を使うか、以下のTipsの方法を使えば求められます。

> **Tips 定数項が0のときの回帰式を求めるには**
> 散布図の回帰曲線を設定するときに[切片]を0とし、[グラフに数式を表示する]にチェックマークを付けると、定数項を0としたときの回帰式が表示されます。

回帰式を利用して予測する

回帰式の係数と定数項が求められたので、「$y = 0.2577x + 1.1382$」という回帰式が得られました。この式のxに値を代入すればyの値が予測できます。

例えば、xに20を代入すれば「$y = 0.2577 × 20 + 1.1382$」なので、6.2922という値が得られます。つまり、面積が20㎡のとき、家賃は6.3万円と予測されるわけです。

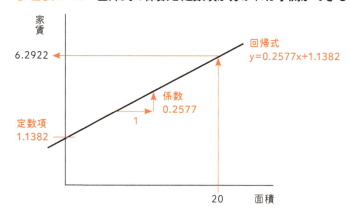

● 図表5-10　回帰式の係数と定数項が分かれば予測ができる

このように、回帰式に当てはめて予測することもできますが、**FORECAST.LINEAR**(フォーキャスト・リニア)**関数を使えば、いちいち回帰式を求めなくても予測ができます。**

統計レシピ

面積から家賃を予測するには

方法 回帰式を求めてxの値を代入する。ただし、FORECAST.LINEAR関数を使えば回帰式を求めなくても予測ができる

利用する関数 FORECAST.LINEAR関数

練習用ファイル
5_6.xlsx

操作 5-8　回帰分析により面積から家賃を予測する

「=FORECAST.LINEAR(I4, G4:G53, F4:F53)」と入力

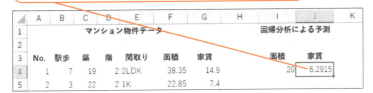

　面積から家賃が予測できました。回帰式に当てはめて求めた6.2922という値とは小数点以下が異なりますが、四捨五入による誤差です。

部屋の広さに見合った、いやそれ以上の家賃補助ができれば、社員のモラルアップにもつながるだろうし、優秀な人材も集められるかも。

相関係数と回帰式の係数は異なるもの

　5-1節でも触れましたが、相関係数は回帰式の係数(傾き)とは異なるものです。相関係数は-1〜1の値となりますが、回帰式の係数は直線の傾きなので-1より小さい値や1より大きい値になることもあります。

　また、回帰式には、面積を使って家賃を説明する、というように、いわば「向き」があります。逆に、家賃を使って面積を説明するような回帰式を求めることもできます(家賃がいくらなら、面積はどれぐらいという予測にあたります)。このとき、回帰式の係数を求める式は、xの範囲とyの範囲を入れ替えた「=SLOPE(F4:F53, G4:G53)」となります。ちなみに結果は3.1652です。

　実は、両方向の回帰式の係数の幾何平均を求めると、相関係数になります。つまり、「=GEOMEAN(SLOPE(G4:G53,F4:F53),SLOPE(F4:F53,G4:G53))」の結果と「=CORREL(G4:G53,F4:F53)」の結果は等しくなります。

　なお、回帰式の当てはまりのよさはデータが回帰式の近くに集まっているかどうかによって変わります。その値は決定係数または寄与率と呼ばれ、相関係数を2乗することによって求められます。相関係数は正の場合も負の場合もあるので、2乗して正の値にしたもの、と考えるといいでしょう。回帰式の当てはまりのよさや係数の有効性については、P.232でも説明します。

5-3 重回帰分析による予測を行ってみよう

家賃は部屋の面積によって決まるということに異論はないと思いますが、本当にそれだけでしょうか。例えば、駅からの距離や築年数なども家賃と関係しているかもしれません。そこで、複数の説明変数を使って目的変数を説明する回帰式を求めたり、その回帰式を使って予測してみたりしましょう。

このように、**複数の説明変数を使う回帰分析のことを重回帰分析と呼びます**。

駅歩と築年数、面積から家賃を予測するには

重回帰分析の回帰式は、以下のようなものになります。

$$y = a_1x_1 + a_2x_2 + a_3x_3 + \ldots\ldots + b$$

この式では、x_1、x_2、x_3、……が説明変数になり、yが目的変数になります。また、a_1、a_2、a_3、……が係数で、bが定数項です。単回帰分析では回帰式は直線の式でしたが、重回帰分析では平面やそれ以上の次元を持つ式になります。

直線や平面は図にできるけど、平面よりも次元が増えるとイメージするのが難しいね。でも、単に説明変数が増えただけだよ。

単回帰分析では係数と定数項を先に求めましたが、こちらでは先に予測を行ってみましょう。重回帰分析による予測には、TREND関数を使います。家賃を予測する例であれば、「駅歩」「築」「面積」が説明変数になり、「家賃」が目的変数になります。

統計レシピ

駅歩、築、面積から家賃を予測するには

方　法	重回帰分析による予測を行う
利用する関数	TREND 関数

👆 操作 5-9 の表の物件データの項目を見ると、説明変数の範囲として「駅歩」「築」「面積」を TREND 関数に指定するためには、途中にある「階」と「間取り」の列が余計だということが分かります。そこで、これらの列をあらかじめ削除しておきましょう。なぜ、「階」と「間取り」を除外したかについては、あとで説明します。まずは、計算を行ってみましょう。

練習用ファイル
5_7.xlsx

👆 操作 5-9　余計な列を削除しておく

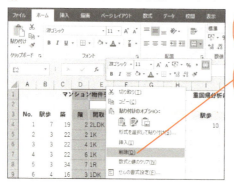

① D列とE列の列見出しをドラッグして選択

② 列見出しを右クリックして［削除］を選択

列を削除すると、目的変数の範囲がセル E4 〜 E53 となり、説明変数の範囲がセル B4 〜 D53 となります。また、予測に使う値の範囲がセル G4 〜 I4 となります。

操作 5-10　重回帰分析による予測を行う

「=TREND(E4:E53,B4:D53,G4:I4,TRUE)」と入力

	A	B	C	D	E	F	G	H	I	J	K
1		マンション物件データ						重回帰分析による予測			
2											
3	No.	駅歩	築	面積	家賃		駅歩	築	面積	家賃	
4	1	7	19	38.35	14.9		10	15	20	6.9318	
5	2	3	22	22.85	7.4						
6	3	3	22	21.96	8						
7	4	3	22	21.96	8						
8	5	3	34	18.03	5						
9	6	4	16	36.83	11.2						

駅歩10分、築15年、面積20㎡の物件の家賃は6.9万円と予測されたね。

Tips　定数項を0と見なして予測を行うには

TREND関数では、最後の引数にTRUEを指定すると定数項を計算し、FALSEを指定すると定数項を0とします。本書の執筆時点では、関数の入力時にポップヒントとしてFALSEなら「bに1を設定します」（定数項を1にする）と表示されますが、定数項には0が設定されます。なお、P.149の例で、定数項を0にして計算したい場合はTREND関数を使います。TREND関数は重回帰分析のための関数ですが、単回帰分析にも使えます。

　重回帰分析では、説明変数を適切に選択すれば、単回帰分析よりも精度の高い予測ができます。次に、説明変数の選択方法について少し補足しておきましょう。詳細については、P.156やP.160で解説しています。

物件データの項目のうち「間取り」は「面積」と関係が深いと考えられます。このような場合、余計な説明変数を加えるよりも、どちらか一方を使った方が適切です。「間取り」を除外したのはそのためです。

　なお、「間取り」は1Kや2DKといった文字列で表わされています。このように、カテゴリを表す尺度のことを名義尺度と呼びます（P.144）。

　「階」についてはどうでしょうか。階は数値で表されていますが、階による「価値」の間隔は等しくないかもしれません。とすると、間隔尺度ではなく順序尺度でしょうか。いいえ、1階＜2階＜3階のように「価値」が順に並んでいるとも限りません。最上階の価値が最も高いと評価する人も多いようですが、1階を好む人もいます。そういうわけで、階はカテゴリを表す名義尺度と考えた方が自然です。さらに、同じ3階でも最上階の場合と6階建ての3階では位置づけが違ってきます。1階、途中階、最上階の3つのカテゴリに分ける方が自然かもしれません。

　このような名義尺度を重回帰分析で使うこともできるのですが、ちょっとしたデータの加工が必要になるので、ここでは説明変数から除外しました。P.160では名義尺度を利用する方法を説明しています。

重回帰分析の係数や定数項を求めるには

　重回帰分析の回帰式には複数の係数と1つの定数項があります。これらは LINEST 関数を使って一度に求めることができます。

統計レシピ

駅歩、築、面積から家賃を予測するための回帰式を求めるには

方　法	重回帰分析により回帰式の係数や定数項を求める
利用する関数	LINEST 関数

駅歩、築、面積という3つの説明変数の係数と定数項を一度に求めるので、4つのセルをあらかじめ選択しておき、LINEST関数を配列数式として入力します。

　LINEST関数では、係数が後ろから返されることに注意してください。例えば、回帰式が

$$y = a_1x_1 + a_2x_2 + a_3x_3 + b$$

であればa_3、a_2、a_1、bの順に返されます。物件データの場合は、面積、築、駅歩の順になります。

練習用ファイル
5_8.xlsx

操作 5-11　重回帰分析による回帰式の係数と定数項を求める

結果を見ると、築と駅歩は負の値になっているので、築年数が長い物件や駅から遠い物件の方が、わずかではありますが家賃が安くなるように見えます。なお、ここでは補正項を求めていませんが、補正項を求めると回帰式の当てはまりのよさや係数の有効性を調べることができます。その方法ついては P.232 で説明します。

📋 **Tips　定数項を 0 と見なして重回帰分析の係数と定数項を求めるには**
LINEST 関数では、3 番目の引数に FALSE を指定すると定数項を 0 とします。P.147 の例で、定数項を 0 にして係数と定数項を求めたい場合には SLOPE 関数や INTERCEPT 関数の代わりに LINEST 関数を使えばいいということが分かります。LINEST 関数は重回帰分析のための関数ですが、単回帰分析にも使えます。

重回帰分析を利用するときの留意点

重回帰分析では複数の説明変数が使えるので、多くの説明変数を用意すれば正確な予測ができそうだと思われるかもしれません。しかし、説明変数が多ければ多いほどいいというわけではありません。ここでは、そういった問題について見てみましょう。

似たような説明変数を使ってはいけない

重回帰分析では、説明変数間に強い相関関係がある場合には適切な結果が得られません。このような性質を多重共線性と呼びます。**多重共線性とは、似たような説明変数を複数使っていること**と考えていいでしょう。多重共線性は、英語では Multi Collinearity なので、略して「マルチコ」と呼ばれることもあります。

多重共線性は🔸 **図表 5-11** のようなイメージで捉えられます。

商品の価格を予測するのに、容量と重量という 2 つの説明変数を考えたとします。しかし、容量と重量には正の相関関係があります。つまり、容量と重量は似たような説明変数になるわけです。

多重共線性が見られる場合には、いずれかの説明変数を除外し、性質が異なると考えられるほかの説明変数を探す必要があります。

図表 5-11　多重共線性の具体例

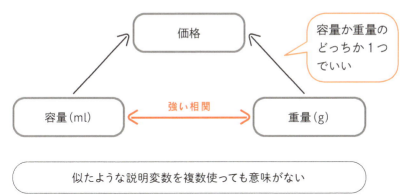

　多重共線性の目安としてはVIF（分散拡大要因）という値がよく使われます。VIFを求めるには、まず個々の説明変数間の相関係数を求めます。次にそれらの相関係数の行列の逆行列を求めます。そのときの対角要素の値がVIFです。一般に**VIFの値が10を超えると多重共線性の問題がある**と言われています。なお、VIFはVariance Inflation Factorの略です。

統計レシピ

重回帰分析の説明変数が適切かどうかを調べるには

方　法	説明変数間の相関係数の行列を作成し、その逆行列を元にVIFの値を求める。VIFの値が10を超えると多重共線性が見られると考えられるので、別の説明変数を選択する
利用する関数	CORREL関数、MINVERSE（マトリックス・インバース）関数

では、説明変数間の相関係数をすべて求めてみましょう。5-1節で見たCORREL関数で求められます。同じ項目の相関係数は1なので、対角線上のセルには1を入れます。また、対角線に対して対称な位置にあるセルの値は同じなので、いちいちCORREL関数を入力する必要はありません。

操作 5-12　説明変数同士の相関行列を作成する

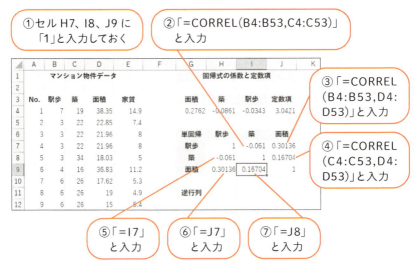

　続いて、相関係数の行列の逆行列を求めます。逆行列はMINVERSE関数を使って求められるので計算は簡単です。

行列や逆行列については、2012年以降、高校の数学で実質的に取り扱われなくなったので、よく知らない人や記憶に残っていない人も多いかと思いますが、以下の手順通りに計算すれば結果が求められます。ここでは、理屈をあまり気にせず、操作の方法と結果の見方を確認しておくといいでしょう。

操作 5-13　相関行列の逆行列を求め、VIFの値を得る

① セルH11～J13を選択しておく

②「=MINVERSE(H7:J9)」と入力し、入力終了時に Ctrl + Shift + Enter キーを押す

	A	B	C	D	E	F	G	H	I	J
1		マンション物件データ					回帰式の係数と定数項			
2										
3	No.	駅歩	築	面積	家賃		面積	築	駅歩	定数項
4	1	7	19	38.35	14.9		0.2762	-0.0861	-0.0343	3.0421
5	2	3	22	22.85	7.4					
6	3	3	22	21.96	8		単回帰	駅歩	築	面積
7	4	3	22	21.96	8		駅歩	1	-0.061	0.30136
8	5	3	34	18.03	7		築	-0.061	1	0.16704
9	6	4	16	36.83	11.2		面積	0.30136	0.16704	1
10	7	6	26	17.62	5.3					
11	8	6	26	19	4.9		逆行列	1.11555	0.12782	-0.3575
12	9	6	26	15	5.4			0.12782	1.04335	-0.2128
13	10	6	26	16	5.2			-0.3575	-0.2128	1.14329
14	11	15	29	39.6	11.5					
15	12	15	29	39.6	11.2					

MINVERSE関数では複数の結果を一度に求めるから、配列数式として入力するよ。

　セルH11、I12、J13がVIFの値です。いずれも10より小さいので多重共線性は認められないと言っていいでしょう。つまり、「駅歩」「築」「面積」を説明変数として使うことには妥当性があるということです。

　なお、VIFの値の逆数をトレランスと呼びます。多重共線性が見られる場合は、トレランスの値が小さくなります。

名義尺度を重回帰分析で使うには

　階や間取りは、カテゴリを表す名義尺度です。1K や 2DK といった間取りは数直線上の値として表せる間隔尺度ではありません。このような、**名義尺度を重回帰分析で使うには、ダミー変数と呼ばれる変数を用意します。**

　物件データの階や間取りは少しカテゴリが多いので、簡単な例で見てみましょう。

🔴 図表 5-11　名義尺度の例（メーカーが名義尺度）

	A	B	C	D	E
1		油絵の具の価格			
2					
3	サンプル	メーカー	容量(ml)	価格	
4	1	A	20	412	
5	2	A	110	1,944	
6	3	A	170	2,700	
7	4	A	300	4,082	
8	5	B	50	923	
9	6	B	110	1,458	
10	7	B	330	3,456	
11	8	C	50	1,080	
12	9	C	110	2,106	
13	10	C	170	3,116	
14					

名義尺度

　この例は、油絵の具のパーマネントホワイトという色の価格表です。メーカーと容量を説明変数とし、価格を目的変数として重回帰分析を行います。

　この表を見ると、メーカーという項目が名義尺度になっていることが分かります。**名義尺度に対しては、カテゴリを表す項目を作り、1 か 0 かの値を与えます。**これがダミー変数と呼ばれるものです。

160

統計レシピ

名義尺度を重回帰分析で利用するには

方　法	カテゴリを表す項目を変数（ダミー変数）とし、1か0かの値を与える
留意点	ダミー変数の個数はカテゴリの数 −1 個とする

　では、ダミー変数としてA社という項目とB社という項目を作って、1か0かで表してみましょう。A社の製品ならA社という項目の値を1とし、B社という項目の値を0にします。C社はA社B社とも0にすれば区別できるので項目を作る必要はありません。つまり、カテゴリがn個の場合、n−1個のダミー変数を作ります。

練習用ファイル
5_10.xlsx

操作 5-14　ダミー変数を作成する

セル F4 に入力した「=IF($B4=LEFT(F$3),1,0)」は、セル B4 が、セル F3 の左から 1 文字（つまり "A"）と等しければ 1 とし、そうでなければ 0 とするという意味です。

　ともあれ、これでダミー変数が設定できました。あとはこれまでに見たように LINEST 関数や TREND 関数を入力するだけです。

操作 5-15　ダミー変数を使った重回帰分析を行う

① セル K4 ～ N4 を選択しておく

② 「=LINEST(I4:I13,F4:H13,TRUE,FALSE)」と入力し、Ctrl + Shift + Enter キーを押す

③ 「=TREND(I4:I13,F4:H13,K8:M8,TRUE)」と入力

　係数と定数項が求められ、メーカーと容量によって価格が予測できるようになりました。例えば、予測のための値として B 社であることを指定したい場合は、A 社（セル K8）を 0 に、B 社（セル L8）を 1 にします。TREND 関数の結果を見ると、B 社の 170ml の製品の価格が 2,021 円と予測されたことが分かります。

例えば、立地とか通行量とか面積から粗利を予測して、出店計画に役立てるとか、重回帰分析が適用できる範囲は多いね。ただ、何を説明変数にするかによって予測結果も変わるだろうから、そのノウハウを蓄積するのも大事だね。

第 **6** 章

トレンドや季節変動から未来を予測する

時系列分析

STORY

予測にも興味が湧いてきたので、来期の売り上げを予測してみようと考えたツトムくんですが、時間的な変化をどう取り扱えばいいのか悩んでいます。人員や店舗の数は変わらないのに、毎年売り上げを伸ばしていたり、特定の季節によく売れる商品があったりします。回帰分析とは違うようなのですが……。

第6章を
はじめる
前に

Q

季節変動のある売り上げってどう予測する？

　できる製菓の主力商品のひとつである「できるアイスもなか」は当然のことながら夏場がかき入れ時です。アイスの売り上げと気温との相関が高いのは想像できますが、営業努力により毎年売り上げを伸ばしています。そういった傾向と夏場によく売れるという季節的な要因を合わせて予測を行うにはどうすればいいのでしょうか。

時系列分析で季節変動を抽出して予測！

　長期的な傾向（トレンド）と季節変動を合わせて予測を行うには、時系列分析と呼ばれる方法を使います。時系列分析は Excel 2016 から利用できるようになった機能です。データとしては、1時間ごとのデータ、毎日のデータ、毎月のデータといった一定の時間間隔で並んでいるものを使う必要があります。

6-1 トレンドと季節変動を見つけて売上予測に役立てよう

　時系列分析を行うにあたって、最初に、できるアイスもなかの売り上げがどのように推移しているかを視覚化してみましょう。続いて、時系列分析を利用して季節変動の周期を求めたり、予測を行ったりしてみます。さらに、信頼区間を求めて、幅を持たせた予測を行う方法も見ていきます。

回帰分析はほかの項目の値を元に予測するって感じだったけど、時系列分析は過去の値からその項目の未来を予測するって感じだね。

時系列データは「折れ線グラフ」が基本

　時間的な変化を見るには折れ線グラフが適しています。折れ線グラフは基本中の基本なので、手順だけ簡単に見ておきましょう。
　次ページの表は、できるアイスもなかの月別出荷数のデータで、3年分の実績がセル A4 ～ B39 に入力されています。項目見出しはセル A3 ～ B3 です。あらかじめグラフ化する範囲を選択しておいてもいいのですが、この場合はセル A3 ～ B39 のいずれかのセルを選択しておくだけで、グラフ化の範囲が自動的に設定されます。

練習用ファイル
6_1.xlsx

操作 6-1　折れ線グラフを作成する

①表の中をクリックしておく

②[挿入]タブ→[折れ線/面グラフの挿入]→[折れ線]をクリック

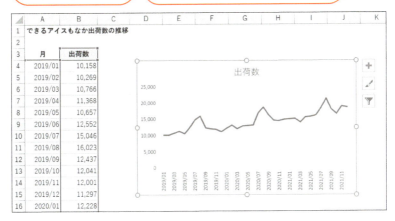

グラフを見ると、毎月少しずつ売り上げが伸びていることに加え、夏場に特に売り上げが上がっていることが確認できます。つまり、次のようなイメージで要因が分解できるというわけです。

図表 6-1　時系列分析のイメージ

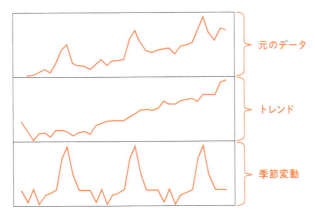

時系列分析により将来の値を予測するには

　時系列分析では、一定の時間間隔で並んだ過去の値を元に、未来の値を予測します。Excel 2016 では指数三重平滑法（ETS）の AAA バージョンと呼ばれる計算方法を使って傾向（トレンド）や季節変動を求め、それらを元に予測を行います。本書の執筆時点では、Excel の時系列分析のアルゴリズムは公開されていませんが、指数三重平滑法では、最近の値に重みを大きく付けて過去のデータの平均を次々と求めるような計算方法が使われます。なお、統計アプリケーションとしてよく使われている R でも同じ方法で予測ができますが、異なるアルゴリズムが使われているので、求められる結果には、わずかな違いがあります。

季節変動の周期を求めてみる

　「できるアイスもなか」の売り上げは、夏場に増加し、冬場には減少するという波があります。そういった波が季節変動です。では、毎月の出荷数を元に季節変動の周期を検出してみましょう。

統 計 レ シ ピ

一定の期間ごとに繰り返される波を見つけるには

方　法	時系列分析を行い、季節変動の周期を求める
利用する関数	フォーキャスト・イーティーエス・シーズナリティ FORECAST.ETS.SEASONALITY 関数

　季節変動の周期を求めるには FORECAST.ETS.SEASONALITY 関数を使います。タイムライン（日時を表すデータ）はセル A4 〜 A39 に入力されており、売り上げはセル B4 〜 B39 に入力されています。

168

練習用ファイル
6_2.xlsx

操作 6-2　時系列分析により季節変動の周期を求める

「=FORECAST.ETS.
SEASONALITY
(B4:B39,A4:A39)」
と入力

季節変動が 12 ということは 12 か月ごとの周期で出荷数が
変動してるということだね。

　季節変動の周期は、タイムラインに指定した日付を元に求められているわけではなく、あくまでもデータを元に求められています。タイムラインの日付はシリアル値なので、一定の間隔で指定した数値と変わりありません。例えば、セル A4 〜 A39 に 1 〜 36 という連番が入力されていても同じ結果になります。

時系列分析による予測を行う

　続いて、予測も行ってみましょう。FORECAST.ETS 関数を使います。将来の値を予測するので、予測に使う日時を指定する必要があります。ただし、日時もタイムライン上の値なので、数値として指定します。

統計レシピ

一定の傾向と季節変動のある時系列データから、将来の値を知るには

方　　法　｜時系列分析による予測を行う
利用する関数　｜FORECAST.ETS 関数

予測に使う日付はセル D4 〜 D15 に入力されています。その隣のセル E4 〜 E15 に結果が表示されるようにしましょう。

練習用ファイル
6_3.xlsx

操作 6-3　時系列分析により出荷数の予測値を求める

① 「=FORECAST.ETS(D4, $B$4:$B$39,$A$4:$A$39)」と入力

② セル E4 を下までコピー

予測結果を視覚化する

時系列データの視覚化には折れ線グラフが適していますが、Excel 2016には予測シートと呼ばれる機能があり、元のデータを指定するだけで、元のデータと予測値を簡単にグラフ化できます。

統計レシピ

時系列分析による予測結果をグラフ化するには

方法　Excel 2016では予測シートを利用する。Excel 2013以前では折れ線グラフを作成する

練習用ファイル
6_4.xlsx

操作 6-4　予測シートを使って時系列分析による予測を視覚化する

① 表の中をクリックしておく

② [データ] タブ→ [予測シート] を選択

③ [作成] をクリック

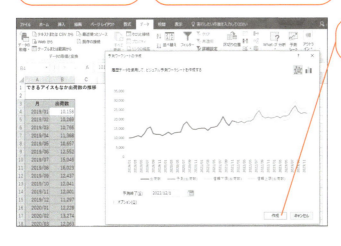

［作成］ボタンをクリックすれば、新しいワークシートが作られ、予測値とグラフが表示されます。グラフには信頼区間も表示されるので、ある程度幅を持った予測ができます。

● 図表 6-2　時系列分析による予測シートとグラフが作成された

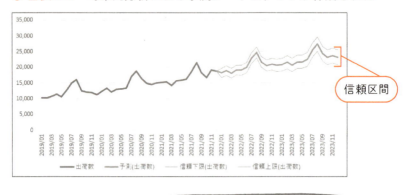

徐々に売り上げが増えているというトレンドと、夏場に売り上げが増えるという季節変動が正しく反映されていることが分かるね。

Tips　予測の開始日時や終了日時を指定するには
操作 6-4 で［オプション］をクリックすれば、予測の開始日時や終了日時、信頼区間の幅、季節変動の周期、補間や集計の方法などが指定できます。

　Excel 2013 以前では、元のデータ（セル A4 〜 B39）と予測値（セル D4 〜 E15）を使って折れ線グラフを作ります。ただし、データが離れた範囲にあるとグラフ化が面倒になるので、セル D4 〜 E15 の値を元のデータの続きの部分、つまりセル A40 〜 B51 にも表示されるようにしておくと、折れ線グラフが作りやすくなります。折れ線グラフの作り方は P.167 で見た通りです。

> 回帰分析のように説明変数を自分で選ばなくても、過去のデータだけから、将来の値を予測できるんですね。時系列分析って、すごく便利。

> でも、ほかの要因との関係を知って対策を立てたい場合には回帰分析を使う必要があるから、目的に合わせて使い分けようってことね。

予測値の信頼区間を求める

　予測シートを使えば、信頼区間も同時に求められますが、関数を使って求めるには FORECAST.ETS.CONFINT（フォーキャスト・イーティーエス・コンフィデンスインターバル）関数を使います。

統計レシピ

時系列分析で、ある程度の幅を持たせた予測を行うには

方　法　　｜時系列分析の信頼区間を求める
利用する関数｜FORECAST.ETS.CONFINT 関数

`=FORECAST.ETS.CONFINT(D4,$B$4:$B$39,$A$4:$A$39,95%)`
　時系列分析による予測値の信頼区間を求める　予測に使う日時　出荷数が入力されている範囲　タイムラインが入力されている範囲　信頼区間のレベル

　予測値の隣のセル F4 〜 F15 に信頼区間の値が表示されるようにしてみましょう。

練習用ファイル
6_5.xlsx

操作 6-5　時系列分析により出荷数の予測値を求める

①「=FORECAST.ETS.CONFINT(D4,$B$4:$B$39,$A$4:$A$39,95%)」と入力

②セル F4 を下までコピー

▲	A	B	C	D	E	F	G
1	できるアイスもなか出荷数の推移						
2							
3	月	出荷数		月	予測出荷数	95%信頼区間	
4	2019/01	10,158		2022/01	18218.16	1443.34	
5	2019/02	10,269		2022/02	18915.99	1488.47	
6	2019/03	10,766		2022/03	18024.97	1532.60	
	2019/04	11,368			19080.99	1575.84	
13	2019/10	12,041		2022/10	20497.29	1819.92	
14	2019/11	12,001		2022/11	21023.93	1858.50	
15	2019/12	11,297		2022/12	20549.35	1896.58	
16	2020/01	12,228					

　例えば、2022 年 1 月の予測出荷数の 95% 信頼区間は、「18218.16 ± 1443.34」となります。

予測値を求めるときに集計を行う

　同じタイムラインに複数の値があるときには、それらの日時に対応する値を集計して予測することもできます。これまでのデータは数が多いので、簡単なデータを使って見てみましょう。

統 計 レ シ ピ

時系列分析で、同じタイムラインのデータが複数ある場合は？

方　法	FORECAST.ETS 関数に集計の方法を指定して予測を行う
利用する関数	FORECAST.ETS.CONFINT 関数

174

操作 6-6 では、タイムラインは B 列ではなく A 列であることに注意してください。B 列はどの期であるかが分かるようにするために入力された単なる文字列データです。A 列が一定の間隔を表すタイムラインの値です。

この表には複数の店舗のデータが入力されているので、A 列を見ると、同じ期が2つずつあることに気づくでしょう。例えば1期のデータは4行目と10行目にあります。そこで、タイムラインの同じ位置のデータは合計して分析するようにしましょう。利用する関数は FORECAST.ETS 関数です。

練習用ファイル
6_6.xlsx

操作 6-6　時系列分析を行うときに集計も行う

① 「=FORECAST.ETS(F4,$D$4:$D$15,$A$4:$A$15,,,7)」と入力

② セル H4 を下までコピー

FORECAST.ETS 関数の最後の引数に指定した 7 は「合計を求める」という意味だよ。つまり、同じタイムラインにある値を合計してから予測するってわけ。

FORECAST.ETS 関数の最後の引数に 7 を指定すると、タイムラインの同じ位置のデータを合計してから予測を行います。例えば、1 期の値は 4 行目と 10 行目にあるので、セル D4 の 12 とセル D10 の 8 を合計した 20 という値が予測に使われます。セル H4 に表示されている予測結果の 31.4 というのは、豊中店と池田店の件数を合計した値を元に予測された 7 期の値です。

　なお、集計の方法として指定できるのは以下の値です。

1 または省略 …… 　平均値
2 …… 　数値の件数
3 …… 　データの件数
4 …… 　最大値
5 …… 　中央値
6 …… 　最小値
7 …… 　合計

Tips FORECAST.ETS 関数で集計の方法を省略すると？
本書の執筆時点では、FORECAST.ETS 関数のヘルプには、集計の方法を省略したときは 0 が指定されたものとみなされ、平均が求められると書かれていますが、正しくは 1 です。なお、上に示した集計の方法は関数の入力時にポップヒントとして表示されます。

あらかじめ合計しておいてから予測しても同じ結果になるけど、引数を 1 つ追加するだけでいいから、手間が省けるね。

第  章

数値の差に本当に意味があるのかを見極める

平均値の差の検定・分散の差の検定

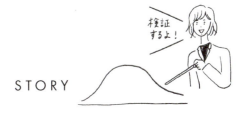

STORY

いろいろな分析方法を詰め込んで消化不良を起こしそうなツトムくんですが、ライバル商品との評価の差や性別によるインターネット利用時間の差がずっと気になっています。ここできちんと検証してみたいと考えているようです。

第7章を
はじめる
前に

その差、本当に意味あるの？

　第3章で求めた食べ比べの評価の平均値は「できるサブレ」は6.35、「他社サブレ」は6.1でした。できるサブレの評価が高いように見えますが、その差は本当に意味のある差なのでしょうか、単なる誤差レベルなのでしょうか。これは感覚的な議論ではラチがあきません。根拠のある判断ができないものでしょうか。

感覚ではなく「検定」で判断しよう！

　平均値に本当に差があるかどうか、散らばり具合に本当に差があるかどうかといったことを、根拠をもって判断する方法の一つが「検定」です。感覚に頼らない判断ができるので、説得力も高まります。検定の計算そのものは簡単ですが、考え方が重要になるので、なぜそうなるのかを確認しながら進めていきましょう。

7-1 商品の評価に差が あるかどうかを検定しよう

　サンプルを元に、2つの母集団の平均値に差があるかどうかを調べるには、t検定と呼ばれる計算を行います。利用する関数はその名もズバリの T.TEST 関数ですが、「対応のあるデータであるかどうか」「母集団の分散が等しいかどうか」などで引数の指定方法も、結果も異なります。これから行う分析が、どのような場合にあたるのかをきちんと理解したうえで、関数を使う必要があります。

対応のあるデータの平均値の差の検定

　手始めに、できるサブレの評価と他社サブレの評価に差があるかどうかを調べてみます。最初はできるだけ理屈抜きで関数を入力し、結果を確認してみましょう。検定の方法は、対応のあるデータを使った片側検定です。「対応のあるデータ」と「片側検定」の意味についてはあとで詳しく説明するので、とりあえず T.TEST 関数を入力してみましょう。

統計レシピ

2群の平均値に差があるかどうかを検定するには（対応のあるデータの場合）

方　法	t検定を行う
利用する関数	T.TEST 関数（[検定の種類] に 1 を指定）
前　提	母集団が正規分布に従っている
帰無仮説	2群の母集団の平均値は等しい

180

できるサブレの評価はセル C4〜C23 に、他社サブレの評価はセル D4〜D23 に入力されています。

片側検定を指定するには T.TEST 関数の 3 番目の引数に 1 を指定し、対応のあるデータを指定するには最後の引数に 1 を指定します。

練習用ファイル
7_1.xlsx

操作 7-1　対応のあるデータの平均値の差の検定

	A	B	C	D	E	F	G
1		お菓子の食べ比べの結果				t検定	
2							
3	サンプル	性別	できるサブレ	他社サブレ		片側検定	
4	1	F	2	7		0.33679	
5	2	M	5	6			
6	3	F	8	6			
7	4	M	7	5			
8	5	M	7	6			
15	12	M	5	6			
16	13	F	4	7			
17	14	M	8	7			
18	15	M	8	4			
19	16	M	7	8			
20	17	F	7	8			
21	18	F	9	4			
22	19	F	3	6			
23	20	M	8	7			
24		平均値	6.35	6.1			
25							

「=T.TEST(C4:C23,D4:D23,1,1)」と入力

結果は 0.337 といったところだね。この値が 0.05 より小さいと「差がある」と言えるんだけど……。

181

T.TEST 関数で求めた値は「平均値が等しい」という仮説を棄却したときに、それが間違いである確率です。確率が 0.05、つまり 5% より小さい場合は「平均値が等しい」という仮説を捨てても、まず間違いではないだろう、ということになります。この場合「5% 有意で帰無仮説を棄却する」という言い方をします（帰無仮説の意味は後述します）。

　ところで、👆操作 7-1 の結果はどうでしょうか。0.337 という値は 0.05 よりも大きい値です。帰無仮説は残念ながら棄却できません。つまり差があるとは言えません。できるサブレが他社サブレよりもおいしいというわけではなく、平均値の差は誤差レベルと言えそうです。

検定の進め方を見てみよう

　前ページの例では、結果を求めることを優先して、操作を中心に見ました。キーワードもいくつか登場しましたが、まだ詳しくは説明していません。そこで、キーワードの意味にも触れながら、検定の進め方を確認しておきましょう。

統 計 レ シ ピ

検定はどのような手順で進めるのか

方　法
以下のような流れで進める
1. 帰無仮説を立て、対立仮説を決める
2. 帰無仮説を棄却したときに、それが誤りである確率 p を求める
3. $p < 0.05$ または $p < 0.01$ であれば帰無仮説を棄却し、対立仮説を採用する

検定の種類によって利用する関数は異なりますが、統計レシピに示した検定の手順はどんな検定でも同じです。

① 帰無仮説を立て、対立仮説を決める

最初のステップは帰無仮説を立てることです。t検定の場合は「平均値は等しい」が帰無仮説になります。あまりなじみのない用語かもしれませんが、**帰無仮説とは「無に帰する」つまり「なかったことにしたい」というのを暗に期待した仮説**です。本心では帰無仮説を棄却して「平均値に差がある」と言いたいわけです。

例えば、食器棚に隠してあったお菓子がなくなっていたとします。つまみ食いの犯人であることを否定するには、その日は外出していた、というようなアリバイを示すだけでいいのに対して、犯人であることを肯定するには、口の周りに粉が付いているとか、その人の部屋に包み紙が捨てられていたとか、証拠をたくさん集めないといけません。それでも冤罪ということもありえます。つまり、仮説は否定することの方が簡単なのです。

帰無仮説は H_0 と略記されます。 できるサブレの母集団の平均を μ_1、他社サブレの母集団の平均を μ_2 とすると、帰無仮説は以下のように簡単に表せます。

$$H_0 : \mu_1 = \mu_2$$

🍪 図表7-1　帰無仮説：お菓子の評価の平均値は等しい

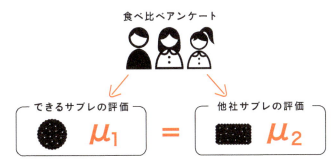

サンプルから求めた平均値は6.35と6.1でしたが、それらの値はたまたま母集団から取り出されたデータを元に求めた値です。帰無仮説の「平均値は等しい」というのは母集団の平均値が等しいという意味です。

　ところで、帰無仮説を棄却したときに考えられる可能性は、単に「差がある」か「できるサブレの方が評価が高い」か「できるサブレの方が評価が低い」のいずれかです。このように、**帰無仮説を棄却したときに採用される仮説を対立仮説と呼びます**。対立仮説は H_1 と略記されるので、以下の3つが対立仮説の候補となります。

① $H_1: \mu_1 \neq \mu_2$ 　……　両側検定を行う
② $H_1: \mu_1 > \mu_2$ 　……　片側検定を行う
③ $H_1: \mu_1 < \mu_2$ 　……　片側検定を行う

● **図表7-2　対立仮説のいろいろ**

対立仮説：お菓子の評価の平均値は等しくない → **両側検定**を行う

対立仮説：できるサブレの評価の平均値の方が大きい → **片側検定**を行う

対立仮説：できるサブレの評価の平均値の方が小さい → **片側検定**を行う

この例であれば、①か②を対立仮説とするのが自然です。「等しい」という仮説が棄却されても、③「（平均値の高い）できるサブレの方が評価が低い」という仮説を採用するのはおかしいですから。

　①は、どちらが大きいかどうかではなく、ただ異なると言いたいときに採用する対立仮説です。つまり、**「平均値は異なる」という対立仮説の場合は両側検定を行います**。μ_1 の方が大きい可能性と μ_2 の方が大きい可能性があるので「両側」と呼ぶわけです。

　一方、②は「できるサブレの方が評価が高い」と言いたいときに採用する対立仮説です。つまり、**どちらかの平均値が大きいという対立仮説の場合は片側検定を行います**。

　このように、**帰無仮説を立て、対立仮説を決めれば、両側検定か片側検定かが決まる**というわけです。

② 帰無仮説を棄却したときに、それが誤りである確率 p を求める

　Excel には、検定のための関数がいくつか用意されており、確率 p が簡単に求められるようになっています。T.TEST 関数もそういった関数の１つです。求められた確率は、帰無仮説を棄却したときにそれが誤りである確率です。したがって、**p 値が小さい方が、帰無仮説を棄却しても間違いではないと強く言える**わけです。

> T.TEST 関数で求めた結果の 0.337 が p 値ですね。

　ただ、T.TEST 関数では p 値をどのように計算して求めているのかが分からないと、納得がいかないという人もいるでしょう。そこで、後ほど、手作業で t 検定を行って、ブラックボックスの中身を覗いてみたいと思います（P.198）。

③ p＜0.05 または p＜0.01 であれば帰無仮説を棄却し、対立仮説を採用する

　検定の結果の表現のしかたにはちょっとしたお約束があります。すでにお話ししましたが、p<0.05 であれば「5% 有意で帰無仮説を棄却する」というような表し方をします。このとき、p 値には * を付けて表すのがならわしです。例えば、p 値が 0.02 であれば、「p=0.02*」のように表します。

　また、p<0.01 であれば 1% 有意で帰無仮説を棄却することになります。この場合は p 値に ** を付けます。さらに、p<0.001 であれば 0.1% 有意で帰無仮説を棄却します。この場合は p 値に *** を付けます。

　なお、5% や 1% などの、帰無仮説を棄却するかどうかの基準となる値は「有意水準」とも呼ばれます。

　帰無仮説が棄却された場合は対立仮説を採用します。例えば「平均値は等しい」という帰無仮説を棄却すると「平均値は等しくない」と言えます。

　しかし、**帰無仮説が棄却されない場合は、帰無仮説が支持されるというわけではありません。**否定できないからといって、肯定できるというわけではありません。したがって、「等しい」ではなく「等しくないとは言えない」という、ちょっと奥歯にモノの挟まったような表し方になります。

p 値は 0.337 だったから、「平均値に差はない」という帰無仮説は棄却できないよね。じゃあ、どう表現するのが正しい？

えーと、できるサブレと他者サブレの評価に「差はない」……じゃなくて「差があるとは言えない」ですね。

対応のあるデータと対応のないデータ

　できるサブレと他社サブレの食べ比べのデータを見ると、同じ人が両方の評価をしています。このようなデータを「対応のあるデータ」と呼びます。例えば、4 行目のサンプル 1 のデータは、1 人の女性ができるサブレを食べて 2 点、他社サブレを食べて 7 点という点数を付けたということです。つまり、**同じサンプルから得られた複数回の測定データが対応のあるデータ**となります。

● 図表 7-3　対応のあるデータの平均値の差の検定

	A	B	C	D	E	F	G
1		お菓子の食べ比べの結果				t検定	
2							
3	サンプル	性別	できるサブレ	他社サブレ		片側検定	
4	1	F	2	7		0.33679	
5	2	M	5	6			
6	3	F	8	6			
7	4	M	7	5			

対応のあるデータ

　もし、セル C4 の評価とセル D4 の評価が別の人の評価であれば、対応のないデータとなります。対応のあるデータの場合と、対応のないデータの場合では検定の方法が異なることにも注意が必要です。

対応のないデータ（等分散）の平均値の差の検定

　続いて、対応のないデータで分散が等しい場合の平均値の差の検定について見ておきましょう。今度は、社内研修で使ったテキストと資格試験の結果を使います。使ったテキストによって試験の結果に差があるかどうかを検定してみましょう。

187

統計レシピ

2群の平均値に差があるかどうかを検定するには
（対応のないデータ、等分散の場合）

方　　法	t検定を行う
利用する関数	T.TEST関数（[検定の種類]に2を指定）
前　　提	母集団が正規分布に従っている
帰無仮説	2群の母集団の平均値は等しい

　この例では、1人の受験者が複数回の試験を受けたわけではありません。図表7-4の旧テキストの人と新テキストで学んだ人は異なる人です。つまり、1つのサンプルから得られたデータは1つだけとなっています。このようなデータが対応のないデータです。

　帰無仮説は「テキストによる成績の差はない」です。対立仮説は「新テキストで学んだ人の方が成績がよい」とします。したがって、ここでは片側検定を行います。

図表7-4　帰無仮説：旧テキストと新テキストで学んだ人の成績は等しい

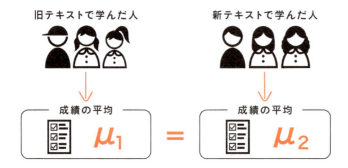

対応のないデータの場合、母集団の分散が等しいかどうかによって、検定の方法が異なります。この例では、母集団は社員全員で、その中からランダムに旧テキストで学ぶ人と新テキストで学ぶ人をサンプルとして取り出したものとします。いずれの群（グループ）も、社員の能力や前提知識に違いはないと考えられるので、分散は等しいと仮定できます。

　というわけで、対応のないデータの平均値の差の検定（等分散）となります。

　では、T.TEST関数を入力してみましょう。旧テキストで学んだ人は10人で、成績はセルB4〜B13に入力されています。一方、新テキストで学んだ人は9人で、成績はセルC4〜C12に入力されています。

　片側検定を指定するにはT.TEST関数の3番目の引数に1を指定し、対応のないデータで等分散の場合は、最後の引数に2を指定します。

練習用ファイル
7_2.xlsx

操作 7-2　対応のないデータ（等分散）の平均値の差の検定

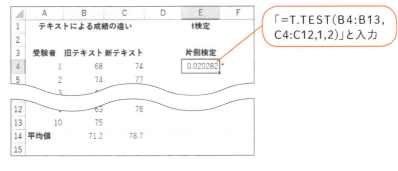

結果は p=0.020<0.05 なので 5% 有意で帰無仮説を棄却し、対立仮説を採用します。つまり、新テキストで学んだ人の方が成績がよい、ということになります。

▤Tips p 値に合わせて「*」を表示するには

前ページの📍操作 7-2 で、セル F4 に「=IFS(E4<0.001,"***",E4<0.01,"**",E4<0.05,"*",TRUE,"")」と入力しておけば、有意水準を表す「*」が p 値の値に合った個数だけ表示されるようになります。ただし、IFS 関数は Excel 2016 で使えるようになった関数なので、Excel 2013 以前なら「=IF(E4<0.001,"***",IF(E4<0.01,"**",IF(E4<0.05,"*","")))」とします。

対応のないデータ（非等分散）の平均値の差の検定

さらに、対応のないデータで分散が等しくない場合の平均値の差の検定も見ておきましょう。インターネットの利用時間の調査結果を使います。性別によって利用時間に差があるかどうかを検定してみましょう。

統計レシピ

2 群の平均値に差があるかどうかを検定するには
（対応のないデータ、非等分散の場合）

方　法	t 検定を行う
利用する関数	T.TEST 関数（[検定の種類] に 3 を指定）
前　提	母集団が正規分布に従っている
帰無仮説	2 群の母集団の平均値は等しい

帰無仮説は「性別によるインターネットの利用時間に差はない」です。対立仮説は「性別によるインターネットの利用時間に差がある」とします。したがって、ここでは両側検定を行います。

190

図表 7-5　帰無仮説：インターネットの利用時間は等しい

この例では、母集団はインターネットを利用している女性全体と、同じく男性全体です。それぞれの母集団からランダムに何人かの人を選んで利用時間をたずねた、ということになります。女性の母集団の分散と男性の母集団の分散が等しいかどうかは分からないので、分散が等しくない場合の検定を行います。

次ページの 操作 7-3 は、第 3 章でも使ったデータですが、T.TEST 関数を入力しやすくするため、性別で並べ替えられています。そのため、女性の利用時間がセル D4 〜 D83 に、男性の利用時間がセル D84 〜 D163 にまとめられています。

練習用ファイル
7_3.xlsx

操作7-3　対応のないデータの平均値の差の検定（非等分散）

	A	B	C	D	E	F	G
1	インターネット利用時間調査（1日当たり）					t検定	
2							
3	サンプル	性別	年齢	時間(分)		両側検定	
4	17	F	13	215		0.002469	
5	156	F	13	211			
6	97	F	14	222			
7	27	F	15	24			
8	32	F	15	213			
	102	F					
82			91	11			
83	93	F	91	40			
84	46	M	14	147			
85	73	M	14	163			
86	85	M	14	202			
87	151	M	15	129			

> 「=T.TEST(D4:D83, D84:D163,2,3)」と入力

　結果を見てみましょう。p=0.002<0.01なので1%有意で帰無仮説が棄却されます。したがって、対立仮説の「性別によってインターネットの利用時間は異なる」を採用します。

両側検定と片側検定の注意点

　t検定では、片側検定のp値は両側検定のp値の半分です。したがって、片側検定の方が有意差が出やすくなります。しかし、**両側検定で有意とならなかったので片側検定に変更する、というのは邪道です**。あくまでも、どちらの対立仮説が立てられるかによって検定の方法を決めなければなりません。あとから仮説を変えて片側検定にするというのはよくないことです。

　実は、平均値を求めると、女性は101.2、男性は132.8となっています。そんなわけで「女性の方が利用時間が少ない」という対立仮説を最初から立てておくべきでした（ここでは、そのことが分かるように、あえて両側検定でやってみました）。

192

あとから仮説を変えるべきではありませんが、どうやら、ターゲットとしている女性顧客は男性よりもインターネットを使っていないようです。インターネットを利用した販売促進活動は得策ではないのでしょうか……。これについては、8-1節でさらに分析を加えてみたいと思います。

仮説検定のしくみを理解しよう

平均値の差の検定や分散の差の検定（両側検定）などでは、関数を使えば簡単にp値が求められます。しかし、検定の種類によっては関数が用意されていない場合もあります。そのような場合、定義にしたがって検定統計量と呼ばれる値を計算する必要があります。検定統計量が求められれば、その値を元にp値が求められます。

図表7-6 検定統計量とp値（t分布の場合）

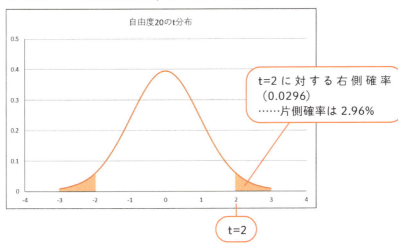

左右対称の分布の場合、片側確率を2倍すれば両側確率になる

前ページのグラフ全体の面積を1としたとき、アミを掛けた部分の面積がp値になります。グラフを見れば、検定統計量tの値が2のとき、それに対する片側確率（右側確率）は0.0296であることが分かります。
　なお、片側検定では一方のアミ掛け部分の面積がp値となり、両側検定では両方のアミ掛け部分の面積の和がp値になります。

仮説検定のしくみ

　ここまで、仮説検定の進め方や関数の使い方、結果の解釈の方法を見てきましたが、検定とはどういうしくみなのか、実際にはどういう計算をするかについてはまだ詳しく説明していません。しかし、上でも触れたように、検定のための関数が用意されていない場合には、検定統計量を求め、その値を元にp値を求めます。そのためには、検定のしくみも知っておく必要があります。

　そこで、旧テキストと新テキストで学んだ人の資格試験の成績の例を使って、検定のしくみを見ておきましょう。かなり詳しい話になるので、ゆっくりと話を進めます。

　また、数式も少し使います。数式が苦手な人は数式そのものよりも流れを理解するようにしてもらうといいでしょう。後半で、実際の計算を行うので、前半はざっと目を通すだけにして、後半の操作に進んでもらっても構いません。操作したあとで、もう一度ここに戻ってくると理解が深まります。

　では、始めましょう。まず、理論的にはどうなるかを考えてみます。母集団から2群のサンプルを取り出して試験を受けたものとします。次ページの 🍊 図表7-7 のようなイメージです。

式はちょっと複雑だけど、四則演算とルートしか出てこないから、ていねいに見ていけば十分理解できるよ。

● 図表 7-7　「平均値の差／標準偏差」にあたる値は t 分布に従う

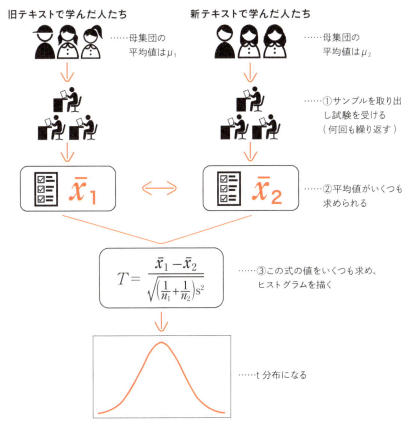

　①のように「何人かのサンプルを取り出して試験を受ける」ということを何度も繰り返すと②のように、平均値がいくつも求められます。③の T の値は、大ざっぱに言えば、平均値の差を求めて、それを標準偏差で割った値です。作業を何度も繰り返すと、T の値はいくつも求められるわけですが、それらをヒストグラムにすると t 分布に近づくということが分かっています。

　数学的に細かな話になるので、証明は省きますが、ここまでは理論的に分かっていることです。ただ、③の数式の意味は、ざっくりとでいいのでここで理解しておきましょう。

●図表 7-8　T の値は平均値の差を全体の標準偏差で割ったようなもの

平均値の差

$$T = \frac{\bar{x}_1 - \bar{x}_2}{\sqrt{\left(\frac{1}{n_1} + \frac{1}{n_2}\right)\mathrm{s}^2}}$$

分母：
全体の標準偏差の
ようなもの

これは次に示す式で求める

s^2 は以下の式で求めます。

●図表 7-9　全体の標準偏差を求めるために重み付けした不偏分散

$$\mathrm{s}^2 = \frac{(n_1 - 1)\mathrm{s}_1^2 + (n_2 - 1)\mathrm{s}_2^2}{n_1 + n_2 - 2}$$

旧テキストでの
成績の不偏分散

新テキストでの
成績の不偏分散

　s^2 はデータの件数で重みを付けて不偏分散 s_1^2 と s_2^2 を平均したようなものです。つまり、全体の不偏分散のようなものと考えられます。

　T の値もざっくりと捉えると、平均値の差 $\bar{x}_1 - \bar{x}_2$ を標準偏差 $\sqrt{\mathrm{s}^2}$ (=s) で割ったようなものだということが分かります。つまり、**T の値は、散らばり具合に対して平均の差がどれぐらいあるかということ**です。理論的には T の値をヒストグラムにすると t 分布の形になります。

　さて、ここで実際に試験を受けてみたものとします。すると、先ほどの式で 2 群の平均値と不偏標準偏差から T の値が求められます。こちらは実際に求めた値なので t 値と呼ぶことにします。t 値は検定統計量と呼ばれる値です。

　実際に求めた t 値はどのような値になるでしようか。次のグラフを見てください。

図表7-10　t値はどのような値になるか

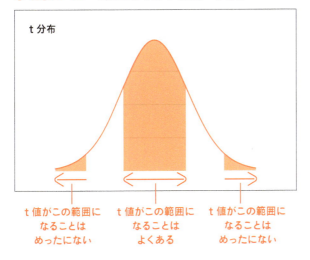

　母集団の平均値が等しいのであれば、測定値から求めた平均値の差「$\bar{x}_1 - \bar{x}_2$」も小さくなるはずです。ということは、中央付近の値になるはずです。しかし、実際に求めたt値の絶対値が大きく、端の方の値になったとします。t値の絶対値が大きくなればp値（アミ掛けの部分の面積）は小さくなります。p値が小さいということは、そうなる確率が低いということです。

　母集団の平均値が等しいという仮定（帰無仮説）の元で、そうなる確率の低いことが起こってしまった、ということは、仮定が間違っていると考えるのが自然です。そのような場合には帰無仮説を棄却するわけです。

平均値の差の検定(対応のないデータ、等分散)を手作業でやってみる

長々としくみを説明してきましたが、計算は簡単です。P.196で示した式を使ってt値を求め、それを元にp値を求めるだけです。

では、手順を見たあと、実際に操作してみましょう。

最初の手順は、t値の計算です。これは、次のグラフの横軸の値を求めることになります。

図表7-11　t値はどのような値になるか

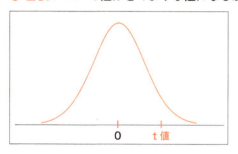

t値が求められたら、それに対する右側確率pを求めます。これも手作業で計算できるのですが、式がかなり複雑になるので、T.DIST.RT関数を使いましょう。次のアミ掛けの部分の面積を求めることになります。

図表7-12　p値を求める

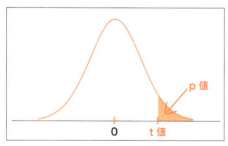

ここまで来れば計算ができますね。では、Excelを使って計算してみましょう。あせらず、1ステップずつ進めていきます。最初はs^2を求めます。念のため、式をもう一度確認しておきましょう。

$$s^2 = \frac{(n_1-1)s_1^2+(n_2-1)s_2^2}{n_1+n_2-2}$$

不偏分散s_1^2、s_2^2とデータの件数n_1、n_2が分かれば、四則演算だけで計算できることが分かります。

練習用ファイル
7_4.xlsx

操作 7-4　不偏分散とデータの件数を求める

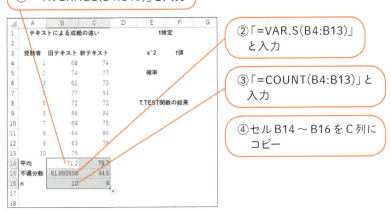

この段階ではまだ平均値は使いませんが、ついでに求めておきました。C列には12行目までしかデータが入力されていませんが、AVERAGE関数、VAR.S関数、COUNT関数のいずれも空のセルは無視されるので、B列に入力したものをそのままコピーしても問題ありません。

ともあれ、これで不偏分散とデータの件数が分かりました。次に s^2 を計算してみましょう。数式をそのまま入力するだけです。

操作 7-5　s^2 の値を求める

「=((B16-1)*B15+(C16-1)*C15)/(B16+C16-2)」と入力

	A	B	C	D	E	F	G
1	テキストによる成績の違い				t検定		
2							
3	受験者	旧テキスト	新テキスト		s^2	t値	
4	1	68	74		53.74118		
5	2	74	77		確率		
6	3	62	73				
7	4	77	91				
8	5	72	72		T.TEST関数の結果		
9	6	88	84				
10	7	69	75				
11	8	64	86				
12	9	63	76				
13	10	75					
14	平均	71.2	78.7				
15	不偏分散	61.955556	44.5				
16	n	10	9				
17							

　s^2 が求められたら、次は検定統計量（t値）です。以下のような式でした。

$$T = \frac{\bar{x}_1 - \bar{x}_2}{\sqrt{\left(\frac{1}{n_1} + \frac{1}{n_2}\right)s^2}}$$

　この式の計算に必要な値は平均値とデータの件数、そして s^2 です。これらは、すでに求められています。ただし、この例では、$\bar{x}_1$ の値より $\bar{x}_2$ 値の方が大きいので、分子の値としては $\bar{x}_2 - \bar{x}_1$ の値を求めます（B14-C14 ではなく C14-B14 とします）。

操作 7-6　検定統計量（t値）を求める

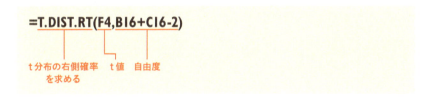

「=(C14-B14)/SQRT((1/B16+1/C16)*E4)」と入力

あとは、t値に対するt分布の右側確率を求めるだけです。T.DIST.RT関数には自由度と呼ばれる値を指定する必要があります。自由度とはデータの件数や項目数から得られる値で、独立した情報の個数のようなものです。**t検定を利用する場合、自由度は n_1+n_2-2 となります。**

=T.DIST.RT(F4,B16+C16-2)

　t分布の右側確率　　t値　　自由度
　を求める

操作 7-7　t分布の右側確率を求める

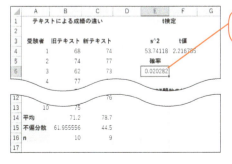

「=T.DIST.RT(F4,B16+C16-2)」と入力

t値に対する右側確率pが求められました。検算のために、セルE9にはP.180で見たT.TEST関数を入力してあります。

繰り返しになりますが、t検定で求める検定統計量は「平均値の差／標準偏差」のような値です。これは、「平均値の差が散らばり具合に対してどれぐらいの割合か」という意味です。最初に示した数式からこのことが読み取れれば、以下のようなことが分かります。

・平均値の差が大きいとt値は大きくなる（p値は小さくなる）
・平均値の差が大きくても、標準偏差が大きければ、t値は小さくなる（p値は大きくなる）
・平均値の差が小さいと、t値は小さくなる（p値は大きくなる）
・平均値の差が小さくても、標準偏差が小さければ、t値は大きくなる（p値は小さくなる）

つまり、**平均値の差が大きいように見えても、散らばり具合が大きいと、差があるとは言いにくくなる**ということです。逆に、**平均値の差が小さいように見えても、散らばり具合が小さいと、差があると言える**ということになります。

なじみのない考え方とか数式とか、新しい関数がたくさん出てきてさすがに疲れたよね。ひと息入れてから次に進もう。

知識が深まる！ 中心極限定理はさまざまな手法の基礎

母集団の分布がどんな分布であっても、サンプルをいくつか取り出して平均値を求めることを何度も繰り返すと、その平均値は正規分布に近づきます。このことを中心極限定理と呼びます。このとき、母集団の平均値をμ、標準偏差をσとすると、取

り出したサンプルの平均値の分布は平均値 μ、標準偏差 $\sigma\sqrt{n}$ の正規分布に近づきます。

例えば、0〜1の範囲の一様分布の平均値は $(0+1) \div 2 = 0.5$、標準偏差は $\sqrt{(1-0)^2/12} = 0.2887$ です。一様分布とはどの値も等しい確率で現れるような分布です。このような母集団から10個のサンプルを取り出して平均値を何度も求めると、それらの分布は、平均が0.5、標準偏差が $0.2887/\sqrt{10} = 0.0913$ の正規分布に近づくというわけです。

以下のグラフは、10個のサンプルを1000回取り出して平均値を求めた場合のヒストグラムです（実際にはこれほど多くのサンプルを採らなくても正規分布に近づきます）。

● 図表 7-13　0〜1の乱数10個を1000回取り出して求めた平均値のヒストグラム

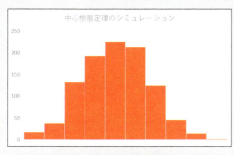

この場合のサンプルの平均値は0.502で、不偏標準偏差は0.0917でした（乱数を使っているので実行するたびに変わります）。母集団の平均値と標準偏差にほぼ等しいことが分かります。

サンプル数が十分にあれば（通常は30以上）、母集団が正規分布から外れていてもt検定はある程度使えると言われています。それは、中心極限定理が根拠となっています。

7-2 母集団が正規分布していない場合の平均値の差の検定は？

　平均値の差の検定を適用するには、母集団が正規分布に従っているという前提を満たしている必要があります。t検定の性質上、正規分布から多少外れていても適用は可能なのですが、極端な値の影響が大きい場合にはt検定は使えません。

　そのような場合に使われるのがマン・ホイットニー検定（U検定）と呼ばれる方法です。この検定では、サンプルの値ではなく、順位を使って検定統計量を求めます。

母集団の分布などのモデルを前提とする検定をパラメトリック検定と呼び、そういった前提を必要としない検定をノンパラメトリック検定と呼ぶんだよ。

中央値の差を検定してみよう

　残念ながら、マン・ホイットニー検定を一度に実行できる関数はありません。しかし、計算は単純です。ただ、手順が長いので、間違わないように一歩ずつきちんと進めていきましょう。

統計レシピ
2群の中央値に差があるかどうかを検定するには

方　法	マン・ホイットニー検定を使う
利用する関数	NORM.S.DIST関数（ノーマル・スタンダード・ディストリビューション）
帰無仮説	2群の母集団の中央値は等しい

マン・ホイットニー検定の手順を確認しよう

　実際には、マン・ホイットニー検定では、平均値ではなく中央値の差を検定することになります。最初に手順を見ておきましょう。

①2つの群のすべてのデータを対象として順位を求める

②各群の順位の総和を求める（これを R1、R2 とします）

③以下の計算をする。1つ目の群のデータ数を n_1、2つ目の群のデータ数を n_2 とし、全体のデータ数を N とする

$$U_1 = n_1 n_2 + \frac{n_1(n_1+1)}{2} - R_1$$

$$U_2 = n_1 n_2 + \frac{n_2(n_2+1)}{2} - R_2$$

④分布の平均と分散を以下の式で求める

$$平均 = \frac{n_1 n_2}{2}$$

$$分散 = \frac{n_1 n_2 (N+1)}{12}$$

⑤検定統計量を以下の式で求める

$$\frac{|U_1 と U_2 の小さい方 - 平均| - \frac{1}{2}}{\sqrt{分散}}$$

⑥検定統計量に対する確率（ここでは両側確率）を NORM.S.DIST 関数で求める（データが十分あれば、検定統計量は標準正規分布に従う）

　NORM.S.DIST 関数で求められる標準正規分布とは、平均が 0、分散が 1^2 の正規分布のことです。

205

マン・ホイットニー検定を行う

計算の手順を見れば、NORM.S.DIST 関数以外はこれまでに取り扱った関数と四則演算だけでできることが分かります。

同じ順位がある場合には、数値を補正する必要があります。まずは、すべての順位が異なる例を見ておきましょう。前ページの手順にそって以下の操作を進めます。

練習用ファイル
7_5.xlsx

操作 7-8　すべての順位を求める

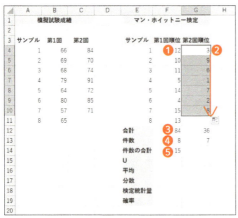

❶「=RANK.EQ(B4,$B$4:$C$11,0)」と入力
❷セル F4 をセル G10 までコピー
❸「=SUM(F4:F11)」と入力（セル G12 にコピー）
❹「=COUNT(F4:F11)」と入力（セル G13 にコピー）
❺「=F13+G13」と入力

次ページの操作 7-9 で、U_1 と U_2 を求めます。これは、単なる四則演算です。さらに、操作 7-10 で検定統計量と確率を求めましょう。

操作 7-9　U_1 と U_2 の値を求める

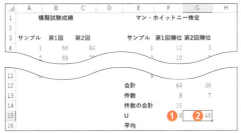

❶「=F13*G13+F13*(F13+1)/2-F12」と入力
❷「=F13*G13+G13*(G13+1)/2-G12」と入力

操作 7-10　マン・ホイットニー検定を行う

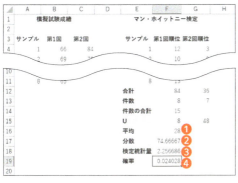

❶「=(F13*G13)/2」と入力
❷「=F13*G13*(F14+1)/12」と入力
❸「=(ABS(MIN(F15,G15)-F16)-0.5)/SQRT(F17)」と入力
❹「=(1-NORM.S.DIST(F18,TRUE))*2」と入力

NORM.S.DIST 関数で求められるのは左側確率なので、1 から引いて右側確率を求めます。さらに 2 倍して両側確率としました。結果は、p = 0.024 < 0.05 なので、5% 有意で帰無仮説は棄却されます。つまり、中央値は等しくないと言えます。

同順位がある場合のマン・ホイットニー検定

同順位がある場合は、順位を平均値とするために RANK.AVG 関数で求めたあと、分散を次ページの式で調整します。

$$分散 = \frac{n_1 n_2}{N(N-1)} \times \frac{N^3 - N - (同順位の個数^3 - 同順位の個数)の総和}{12}$$

例えば、2位が2つ、8位が3つ、15位が2つであれば、「**(同順位の個数^3−同順位の個数）の総和**」は、$(2^3-2) + (3^3-3) + (2^3-2)$となります。

以下の例では、2位が2つ、8位が2つ、12位が2つあるので、$(2^3-2) + (2^3-2) + (2^3-2)$となります。ただし、入力した数式では、同じ値を3つ足しているので、$(2^3-2) \times 3$を求める計算にしてあります。

練習用ファイル
7_6.xlsx

操作 7-11　同順位がある場合のマン・ホイットニー検定

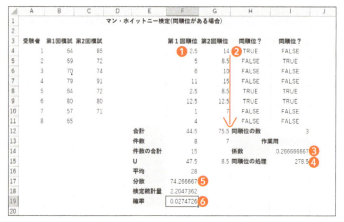

❶「=RANK.AVG(B4,$B$4:$C$11,1)」と入力してコピー
❷セル F4 をセル F5 からセル F11、セル G4 からセル G10 までコピー
❸「=F13*G13/(F14*(F14-1))」と入力
❹「=(F14^3-F14-(2^3-2)*I12)/12」と入力
❺「=I14*I15」と入力
❻「=(1-NORM.S.DIST(F18,TRUE))*2」と入力

調整された分散の値が求められれば、あとは最初に見たのと同じように NORM.S.DIST 関数を使って確率を求めるだけです。

7-3 商品の評価の散らばり具合に違いがあるかどうかを検定しよう

　2群のデータを元に母集団の分散の差を検定するには、**F検定**という方法を使います。利用する関数はF.TEST関数です。お菓子の食べ比べで求めたできるサブレの不偏標準偏差は2.21、他社サブレの不偏標準偏差は1.17でした。不偏分散はそれぞれ4.871、1.358です。この結果を見ると、分散が異なっているように思えます。そこで分散の差の検定を行ってみましょう。

> できるサブレは好きな人と嫌いな人に分かれるかもって話だね。それを検証してみるよ。

分散の差を検定してみよう

　F.TEST関数を使えば、分散の差の検定が簡単にできます。ただし、F.TEST関数でできるのは両側検定のみです。片側検定を行う場合には手作業で求めた検定統計量を元に、F.DIST.RT関数で確率を求める必要があります。

分散の差の検定（両側検定）を行う

　簡単な両側検定の方から見ていきましょう。最初に、帰無仮説と対立仮説を確認しておきます。帰無仮説は「2群の分散は等しい」です。対立仮説は「2群の分散は異なる」となります。

統計レシピ

2群の分散に差があるかどうかを検定するには(両側検定)

方　　法	F検定を行う
利用する関数	F.TEST 関数
前　　提	母集団が正規分布に従っている
帰無仮説	母集団の分散は等しい

=F.TEST(C4:C23,D4:D23)

F検定を行う　できるサプレの評価　他社サプレの評価

　F.TEST関数はデータの範囲を指定するだけなので簡単ですね。では、入力してみましょう。

練習用ファイル
7_7.xlsx

操作7-12　分散の差の検定を行う(両側検定)

「=F.TEST(C4:C23,D4:D23)」と入力

210

結果は 0.0077 です。p<0.01 なので、1% 有意で帰無仮説は棄却されました。つまり、分散には差があるということです。平均値の差の検定では、差があるとは言えないという結果だったので、総合的な評価としては、あまり違いはないが、できるサブレの方が好き嫌いの幅が広いと言えそうです（ただし、両側検定であることに注意。できるサブレの分散が大きいということではなく、異なるとしか言えません）。

第3章で、できるサブレの味にクセがあり、好き嫌いがはっきりしているのではないか、とお話ししましたが、それを支持するような結果ですね。

じゃあ、苦手な人にも受け入れられる味に変えていけばもっと人気が出るかも。

そういう戦略もなくはないけど、そうすると「らしさ」が失われて、好きな人からの支持を失うかもしれないよ。

なるほど、なんでもかんでも取り入れればいいってもんじゃないんですね。

できるサブレはそのままにして、苦手な人のための新商品を開発するというのも手だね。

分散の差の検定（片側検定）を行う

あとから対立仮説を変えるのは邪道ですが、ここでは計算の手順を知るために片側検定も行ってみましょう。対立仮説は「できるサブレの分散の方が大きい」です。F分布は左右対称な分布ではないので、F.TEST関数の結果の半分を2で割っても、片側検定の確率にはなりません。

● 図表7-14　F分布のグラフ

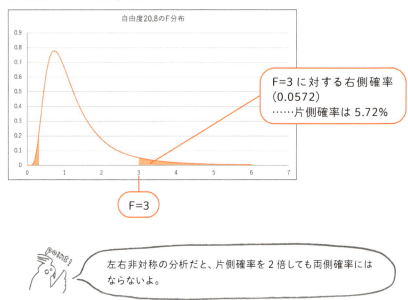

左右非対称の分析だと、片側確率を2倍しても両側確率にはならないよ。

● 図表7-14でグラフ全体の面積を1としたとき、アミを掛けた部分の面積が検定統計量に対するp値になります。片側検定では一方のアミ掛け部分の面積がp値となり、両側検定では両方のアミ掛け部分の面積の和がp値になります。F.TEST関数で求められた結果は両側確率なので、両方のアミ掛け部分の面積の和になります。

ここでは、片側検定を行うので、検定統計量（F値）を手作業で計算し、その値を元にp値を求める必要があります。

片側検定のための検定統計量は分散の比で求められます。できるサブレの分散を s_1^2 とし、他社サブレの分散を s_2^2 とすると、s_1^2/s_2^2 を求めます。値の大きな方を分子にすることに注意してください。

この値は自由度1が n_1-1、自由度2が n_2-1 のF分布に従うことが分かっています。そこで、F.DIST.RT関数に検定統計量と自由度を指定して、右側確率を求めます。

```
=F.DIST.RT(G6,G4-1,H4-1)
```

- F分布の右側確率を求める
- 分散の比
- 自由度1
- 自由度2

では、やってみましょう。

> **練習用ファイル**
> 7_8.xlsx

操作7-13　分散の差の検定を行う（片側検定）

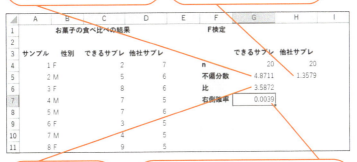

① 「=VAR.S(C4:C23)」と入力
② 「=VAR.S(D4:D23)」と入力
③ 「=G5/H5」と入力
④ 「=F.DIST.RT(G6,G4-1,H4-1)」と入力

　結果は0.0039です。p＜0.01なので、1%有意で帰無仮説は棄却されました。つまり、できるサブレの分散の方が大きいということです。

> 検定統計量から確率を求める方法にだいぶ慣れてきました。計算の方法は違っても、考え方や手順は同じなんですね。

なお、分散の「小さい方の値／大きい方の値」は左側確率に対する検定統計量となります。練習用ファイルには、手作業で求めた右側確率と左側確率を足して両側確率を求めた例も含めてあります。当然のことながら、その値は F.TEST 関数の結果と一致します。

知識が深まる！

分散の差の検定と平均値の差の検定

　平均値の差の検定（t 検定）では、母分散が等しいかどうかによって検定の方法が異なりました。ということは、先に分散の差の検定（F 検定）を行って、その結果に従って t 検定の方法を変えるといいのでは、と思われるかもしれません。

　しかし、F 検定で「異なるとは言えない」という結果が出たとしても、それが誤りである可能性もあります。また、「等しい」とも言い切れません。したがって、F 検定の結果を前提にすると、誤りの可能性が増えてしまいます。

　このことは、ぐらつきのある土台を積み重ねるのと似ています。ぐらつきがきわめて小さく、許容レベルであれば特に心配はありません。しかし、その土台の上に、もう一つ土台を載せるとどうなるでしょう。個々の土台のぐらつきは許容範囲でも、積み上げると不安定になります。

　そういうわけで、分散が等しいかどうか分からない場合には、F 検定の棄却域を大きめに取って（有意水準を 10% ないし 20% として）、「異なるとは言えない」と言いにくくするか、最初から分散に差がある場合の t 検定にするのが妥当です。

第 8 章

予測に役立つのは どの要因かを見極める

独立性の検定・相関の検定・ 重回帰分析の検定

STORY

検定は分析に根拠を与える強力なツールです。第7章では、平均値や分散といった数量の比較のための検定を見てきました。性別によってインターネットの広告の影響力に違いがあるかといったことや、相関係数や回帰分析の検定もできれば、「関係」についてのより深い分析ができそうです。

第8章を
はじめる
前に

性別によって販促手段を変える必要はあるか？

　できるサブレのターゲットである女性に、インターネット広告を利用して販売促進を行うには、どのような方法が有効なのでしょうか。性別の違いによって、広告を参考にしているかどうかに違いはあるのでしょうか。このような「関係」についてより深く分析するにはどうすればいいのでしょう。

カイ二乗検定で関係を検定してみよう！

　性別も、広告を参考にしているかしていないか、というのも名義尺度です。このような名義尺度同士の関係を知るにはカイ二乗検定が使えます。また、「関係」つながりということで、相関があるかどうかという検定や回帰分析の回帰式の当てはまりがよいか、係数は有効かといった検定も合わせてやってみましょう。

8-1 性別によってインターネット広告の影響力は異なるのかを知ろう

　男女50名を対象に「インターネットの広告を購買活動の参考にするかどうか」といったアンケートを採ったものとします。その回答は「はい」か「いいえ」のいずれかになります。つまり、名義尺度です。67点とか1,200円といった数値（間隔尺度）であれば、平均値の差の検定を行えばいいのですが、そうはいかないことが分かります。
　このような場合には、カイ二乗検定と呼ばれる検定を行います。カイ二乗検定を行うには、まずクロス集計表を作って度数を集計する必要があります。そこから始めましょう。

カイ二乗検定は2×2のクロス集計表で独立性の検定に使われることが多いけど、m×nの場合でも使えるよ。カイ二乗はギリシア文字のχを使ってχ^2とも書くよ。

性別と広告利用の関係をクロス集計表にまとめるには

　カイ二乗検定を行うためということもあるのですが、最初にきちんとデータを整理したり、グラフを利用した視覚化を行ったりして、どういう傾向があるか見当を付けておくことはとても重要です。
　ここでは、度数を集計するので、度数分布表を作ったときに見たCOUNTIFS関数を利用すればできそうです。クロス集計表は、行と列が交わるセルに度数が集計されたもの（操作8-1の画面の右側のようなもの）です。

統計レシピ

クロス集計表で度数を集計するには

方　法	行と列に項目の見出しを入れ、項目の見出しに一致するデータの個数を数える
利用する関数	COUNTIFS 関数

アンケートのデータはセル A4 〜 C53 に入力されています。これを次のようなクロス集計表で集計します。

● 図表 8-1　クロス集計表の例

クロス集計表

例えば、セル F4 であれば、セル B4 〜 B53 に「M」と入力されていて、セル C4 〜 C53 に「Y」と入力されているセルの個数を数えると度数が求められます。

なお、性別の M は男性 (Male)、F は女性 (Female)、回答の Y は Yes、N は No を表しています。

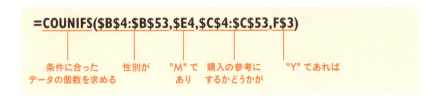

=COUNIFS($B$4:$B$53,$E4,$C$4:$C$53,F$3)

- 条件に合ったデータの個数を求める
- 性別が
- "M"であり
- 購入の参考にするかどうかが
- "Y"であれば

> 練習用ファイル
> 8_1.xlsx

操作 8-1　クロス集計表で度数を集計する

① 「=COUNTIFS($B$4:$B$53,$E4,$C$4:$C$53,F$3)」と入力

② セルF4をセルG5までコピー

	A	B	C	D	E	F	G	H
1		インターネット広告調査				クロス集計表		
2								
3	サンプル	性別	購入の参考にする		性別＼回答	Y	N	合計
4	1	M	Y		M	7	17	24
5	2	M	N		F	15	11	26
6	3	M	N		合計	22	28	50
7	4	F	Y					
8	5	M	N					
9	6	M	Y					
10	7	F	Y					
11	8	F	Y					

③ セルF4～H6を選択し、[ホーム]タブの[Σ]ボタンをクリックして縦横の合計を求めておく

ピボットテーブルでも簡単に集計できるよ。
練習用ファイルにはピボットテーブルを使った例もあるよ。

クロス集計表が作成できたら、グラフも描いておきましょう。セルE3〜G5を選択して棒グラフを作ると、次のようなグラフが描かれます。ただし、自動的にグラフを作成すると、性別が系列になるので、［行/列の切り替え］ボタンをクリックして、回答の方を系列にしておきました。また、見やすくするためにタイトルを変えておきました。

図表8-2　クロス集計表をグラフにする

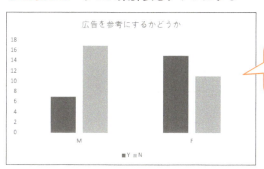

通常の棒グラフだと、性別による違いが読み取りにくいことがある

　グラフを見れば、男性はインターネットの広告をあまり参考にしていなくて、女性は参考にしているように見えます。この例では、女性と男性の人数がほぼ等しいので、棒グラフからでもそれが読み取れます。しかし、アンケートに回答した女性と男性の人数が異なると、このグラフからだけではどういう関係にあるかが読み取りにくくなることがあります。そういう場合、つまり**比率を比較したい場合には、100%積み上げ縦棒グラフの方が適しています。**

👆 **操作 8-2** グラフの種類を 100% 積み上げ縦棒グラフに変更する

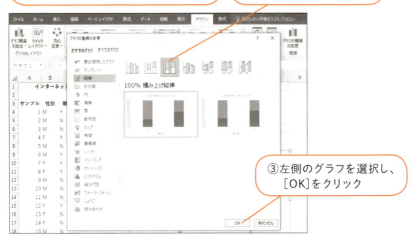

[OK]ボタンをクリックすると、下のようなグラフに変更されます。

◆ **図表 8-3** 100% 積み上げ縦棒グラフ

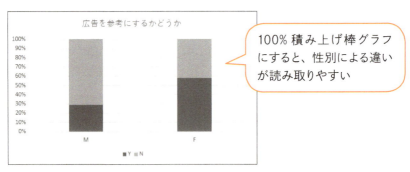

100% 積み上げ棒グラフにすると、性別による違いが読み取りやすい

このグラフであれば、広告を参考にしているかどうかの、男女による比率の違いがよく分かります。

カイ二乗検定により性別と広告利用の関係を知る

　では、カイ二乗検定を行ってみましょう。ここで行う検定は独立性の検定とも呼ばれます。**独立というのは関係がないということです。**性別によって広告を参考にするかどうかに違いがあるなら、性別と広告を参考にするかどうかは独立ではありません。性別の違いに関わりなく、同様に参考にするということであれば、性別とサービスは独立です。つまり、男性も女性も同じ割合で広告を参考にするということです。

　カイ二乗検定では、独立である場合の期待値を求めておき、実測値との差がどれぐらいあるかによって検定を行います。期待値というのは「性別と広告を参考にするかどうかが無関係であれば、こういう値になるはず」という値です。検定に利用する関数は CHISQ.TEST 関数です。

統 計 レ シ ピ

2 つの変数が独立であるかどうかを検定するには

方　　法	カイ二乗検定を使う
利用する関数	CHISQ.TEST 関数
帰 無 仮 説	2 つの変数は独立である
準　　備	あらかじめクロス集計表を作り、期待値を求めておく
留 意 点	項目は対応のない項目とする

　では、期待値を求めてみましょう。考え方は後回しにして、先に式を入力しましょう。

練習用ファイル
8_2.xlsx

👆 操作 8-3　期待値を求める

①「=F$6*$H4/$H$6」と入力

②セル F11 をセル G12 までコピー

	A	B	C	D	E	F	G	H	I
1		インターネット広告調査				クロス集計表			
2									
3	サンプル	性別	購入の参考にする		性別＼回答	Y	N	合計	
4	1	M	Y		M	7	17	24	
5	2	M	N		F	15	11	26	
6	3	M	N		合計	22	28	50	
7	4	F	Y						
8	5	M	N			期待値			
9	6	M	Y						
10	7	F	Y		性別＼回答	Y	N	合計	
11	8	F	Y		M	10.56	13.44	24	
12	9	M	N		F	11.44	14.56	26	
13	10	M	N		合計	22	28	50	
14	11	M	N						
15	12	F	Y						

　入力する式は簡単な四則演算の式です。ここでは、数式をコピーして入力できるようにするため、絶対参照と相対参照を組み合わせてありますが、セル F11 であれば「=F6*H4/H6」という単純な式です。セル F12 は「=F6*H5/H6」です。

　この式はどういう意味を持つのでしょうか。日本語で表すと

・セル F11（男性で広告を参考にしている人）は、広告を参考にしてる人全体×男性の数／全体の数

・セル F12（女性で広告を参考にしている人）は、広告を参考にしてる人全体×女性の数／全体の数

ということになります。

　つまり、性別によって違いがないのであれば、広告を参考にしている男性の数と女性の数の割合は、全体の男性の数と女性の数の割合と同じであるはず、ということです。

224

図表 8-4　期待値の求め方とカイ二乗検定の意味

全体の人数

全体	男性	女性
50人 （セル H6）	24人 （セル H4）	26人 （セル H5）
割合	24/50	26/50

全体の男性と女性の割合は 24:26
割合が同じなら、広告を参考にしている人の 22人も 24:26 に分かれるはず

期待値

回答が Y	男性	女性
22人 （セル F6）	22人中 24/50人のはず つまり、 22 × 24/50 =10.56人のはず	22人中 26/50人のはず つまり、 22 × 26/50 =11.44人のはず

これが期待値（回答が N の場合も同様に求められる）

この差を検定

実測値（実際の値）

回答が Y	男性	女性
22人	7人だった	15人だった

　期待値と実測値が分かれば、あとは CHISQ.TEST 関数にそれらの値を指定するだけです。帰無仮説は「2つの変数は独立である」で、対立仮説は「2つの変数は独立ではない」です。対立仮説は、どちらが大きいとか小さいということではなく、期待値に対する実測値のズレが大きいということなので、片側検定になります（CHISQ.TEST 関数は片側確率を返してくれます）。

練習用ファイル
8_3.xlsx

操作 8-4　カイ二乗検定を行う

「=CHISQ.TEST(F4:G5,F11:G12)」と入力

	A	B	C	D	E	F	G	H	I
1	インターネット広告調査					クロス集計表			
2									
3	サンプル	性別	購入の参考にする		性別＼回答	Y	N	合計	
4	1	M	Y		M	7	17	24	
5	2	M	N		F	15	11	26	
6	3	M	N		合計	22	28	50	
7	4	F	Y						
8	5	M	N			期待値			
9	6	M	Y						
10	7	F	Y		性別＼回答	Y	N	合計	
11	8	F	Y		M	10.56	13.44	24	
12	9	M	N		F	11.44	14.56	26	
13	10	M	N		合計	22	28	50	
14	11	M	N						
15	12	F	Y		カイ二乗検定				
16	13	F	N			0.0423			
17	14	F	N						

　結果は 0.0423 でした。$p < 0.05$ なので帰無仮説は棄却されます。つまり、2つの変数は独立ではない、ということになります。このことは、性別によってインターネット広告を参考にするかどうかが異なるということです。

やっぱり男性より女性の方がインターネットの広告を参考にしてる割合が多いってことですね。

なお、手作業でカイ二乗検定を行うのも比較的簡単です。検定統計量は、(実測値 − 期待値)^2 ÷ 期待値の合計です。この値と自由度を CHISQ.DIST.RT 関数に指定すれば、p値（右側確率）が求められます。自由度は（項目数 −1）の積です。この例なら、性別が2項目、回答が2項目なので (2-1)×(2-1) = 1 です。練習用ファイルには、手計算でカイ二乗検定を行った例も含めてあるので、興味のある方は参照してみてください。

カイ二乗検定の留意点

　カイ二乗検定では、クロス集計表の項目は対応のない項目です。対応のある項目の場合はカイ二乗検定が適用できません。例えば、以下のようなデータをカイ二乗検定で分析するのは適切ではありません。

● 図表 8-5　対応のあるデータの例

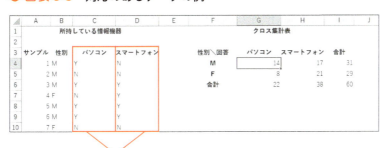

C列とD列が対応している

　この例では、1人の人に対して、パソコンの所持とスマートフォンの所持をたずねています。C列のデータとD列のデータは対応のあるデータです。

このようなデータを分析するのはかなり難しくなります（本書では触れませんが、2要因のうち1要因に対応のある比率の差の交互作用を調べます）。

　では、どうすればいいのでしょうか。ちゃぶ台返しのようになりますが、妥当な答は、そもそも、分析しやすい形式でデータを集める、ということです。例えば、所持している台数に興味があるなら、パソコンとスマートフォンの所持台数を調査します。また、どの程度使っているかに興味があれば、パソコンとスマートフォンの使用時間を調査します。そうすれば、C列とD列の値が数値として表されるので、2要因の分散分析が使えます。分散分析については、付録（P.238）で簡単に紹介していますが、詳細については練習用ファイルとともに解説文書を提供しているので、そちらを参照してください。

　実験やアンケートは、目的に合わせて分析手法を決め、その**分析手法に適した形式でデータを集める**ようにします。そのような計画を立てて調査や分析を進めるのが本来のやり方なのです。すでにデータが蓄積されており、それに適した手法を探さなければならないということもあるでしょうが、何千件というデータがある場合はそもそも検定は必要ありません。逆に、意味のないわずかな差も検出されてしまいます（本書の例でもヒストグラムを作成するためにデータ数を多めに取っているものもありますが、実はデータ数が50程度を超えるだけでこのような問題が生じると言われています）。

　カイ二乗検定にはもう一つ重要な留意点があります。**カイ二乗検定では度数の小さなセルがあったり、合計の小さなセルがあったりするときには適切な結果が得られない**ということです。一般に各セルの度数は5以上、合計は10以上の値が必要です。そのような場合には、直接確率計算法と呼ばれる別の方法を使うか、似たような項目をまとめて度数の小さなセルを作らないようにする必要があります。

　比率の差の交互作用の検定と、直接確率計算法については、練習用ファイル（8_3.xlsx）に含めてあります。

8-2 物件の広さと家賃に相関があるかを検定しよう

　第5章では不動産物件の面積と家賃との変数の間に関係があるかどうかを知るために相関係数を求めました。また、予測を行うために回帰分析を行って回帰式の係数や定数項を求めました。しかし、値を求めただけなので、相関がありそうだとかなさそうだとかは数字の大きさの印象でしか言えませんでした。そこで、根拠のある判断を行うために検定を行ってみましょう。

前に求めた相関係数は約 0.9 だったね。これぐらい相関が強ければ検定の必要もなさそうだけど、ちゃんと判断するためには計算方法を知っておくといいね。

相関があるかどうかを検定するには

　相関係数の検定を行う関数は用意されていないので、手作業で検定統計量を計算し、確率を求める必要があります。とはいえ、計算方法は簡単なのでサクッと見ていきましょう。

統計レシピ

2つの変数に関係があるかどうかを検定するには

方　　法	無相関の検定を行う
利用する関数	T.DIST.2T 関数（ティー・ディストリビューション・ツー・ティルド）
帰無仮説	2つの変数に相関はない
準　　備	あらかじめ相関係数を求め、検定統計量を計算しておく

229

帰無仮説は「相関はない（相関係数は0である）」です。対立仮説は「相関はある」です。相関係数は正に大きい場合と負に大きい場合があるので、両側検定になります。

　検定統計量を求めるための式は以下の通りです。nはデータの個数、rは相関係数です。

$$T = \frac{r\sqrt{n-2}}{\sqrt{1-r^2}}$$

　検定統計量は自由度n-2のt分布に従うので、T.DIST.2T関数に検定統計量と自由度を指定して確率を求めます。

練習用ファイル
8_4.xlsx

操作 8-5　相関係数の検定を行う

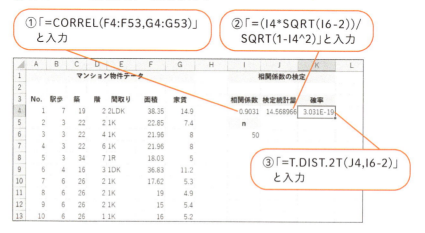

結果は3.031E-19です。これは3.031×10^{-19}という小さな値なので、$p < 0.001$で帰無仮説は棄却されます。つまり、相関はある、ということになります。

ただし、相関係数の検定で求められた確率は、相関の強さを表すものではないということに注意が必要です。例えば、操作8-5の表で、セルI4に0.1、セルI6に500と入力すると、確率が0.0253となり、相関係数が0.1しかないにもかかわらず、5%有意になってしまいます。これは、相関はある（相関がないということは否定できる）が、その相関は弱いということです。

0.1%有意だから、相関はかなり強いってことですね。

いやいやそういうことじゃなくて、相関がないというのを強く否定できるってことだよ。

あ、そうか、相関の強さじゃなくて、相関があるかどうかの検定でしたね。

相関の強さは相関係数によって判断しようね。一般に、0.3程度なら弱い相関、0.5程度ならある程度強い相関、0.7以上なら強い相関と言われてるよ。

8-3 物件情報から家賃を説明できるのかを検定しよう

　5-3節で紹介した重回帰分析では、駅歩、築、面積という説明変数を元に家賃を予測する回帰式を求めました。回帰式に関する検定としては、回帰式の当てはまりのよさと係数の有効性の検定ができます。

 重回帰分析の検定に必要な値はすべてLINEST関数の補正項を求めれば得られるよ。

回帰式の当てはまりのよさを検定するには

　「当てはまりのよさ」というのは、元のデータが、回帰式で表される直線や平面の近くに集まっているということです。検定には、LINEST関数で求められた値が使えるので、実質的な作業はF.DIST.RT（エフ・ディストリビューション・ライトティルド）関数で確率を求めるだけです。

統計レシピ

重回帰式の当てはまりのよさを検定するには

方　　法	重回帰分析で得られたF値を元に確率を求める
利用する関数	LINEST関数、F.DIST.RT関数
帰無仮説	回帰式の当てはまりはよくない

　ここで使う関数はすでに見たものばかりです。ただし、LINEST関数で求められる値のうち、検定に使われる値は補正項と呼ばれる項目に含まれているので、最後の引数にTRUEを指定して、補正項を求めます。

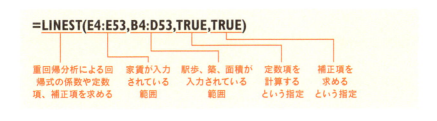

LINEST関数は配列数式として入力します。目的変数の範囲はセルE4〜E53で、説明変数の範囲はセルB4〜B53です。

練習用ファイル
8_5.xlsx

操作8-6 重回帰分析の補正項を求める

P.154で見た通り、LINEST関数で求められる係数は、元の説明変数とは順序が逆になっていることに注意してください。

帰無仮説は「回帰式の当てはまりはよくない」で、対立仮説は「回帰式の当てはまりはよい」です。これは、セルH7のF値を元にF.DIST.RT関数で検定できます。自由度1は説明変数の個数（3）で、自由度2はセルI7に求められている値です。

練習用ファイル
8_6.xlsx

操作 8-7　重回帰式の当てはまりのよさを検定する

「=F.DIST.RT(H7,3,I7)」と入力

	G	H	I	J	K	L
1			重回帰分析分析			
2						
3			面積	築	駅歩	定数項
4	係数		0.27624	-0.0861	-0.0343	3.042074
5	標準誤差		0.01363	0.01265	0.03705	0.538267
6	R^2とyの標準誤差		0.90815	1.00445	#N/A	#N/A
7	F値と自由度		151.61	46	#N/A	#N/A
8	回帰の2乗和と誤差の2乗和		458.889	46.4107	#N/A	#N/A
9						
10			回帰式の当てはまりの良さの検定			
11						
12	確率		7.4E-24			
13						

　結果は 7.4E-24 という非常に小さな値です。$p<0.001$ で帰無仮説は棄却されます。つまり、回帰式の当てはまりはよい、ということになります。
　以下、補足ですが、F 値は回帰の二乗和（セル H8）を自由度 1（3）で割った値と、誤差の二乗和（セル I8）を自由度 2（セル I7）で割った値の比でも求められます。いずれかのセルに「=(H8/3)/(I8/I7)」と入力すれば 158.61 となることが確認できるでしょう。
　ここで求められている回帰の二乗和は、各データと平均の差の二乗和です。それを自由度で割ったものというのは分散にほかなりません。分かりやすく言うと、回帰式の分散÷誤差の分散が F 値になるわけです。

つまり、誤差の分散が小さければＦ値は大きくなるので、右側確率は小さくなり、有意になります（当てはまりがよいということになります）。

回帰式の係数の有効性を検定するには

続いて、係数の有効性を検定しましょう。重回帰分析でどの係数が予測に役立っているかを検定します。方法は簡単です。この場合、係数を標準誤差で割った値が検定統計量（ｔ値）になります。検定統計量を元に、T.DIST.2T 関数で両側確率を求めます。

統計レシピ

重回帰式の係数の有効性を検定するには

方　　法	重回帰分析で得られた係数を標準誤差で割って得られた t 値を元に確率を求める
利用する関数	T.DIST.2T 関数
帰無仮説	係数は有効ではない

帰無仮説は「係数は有効でない」、対立仮説は「係数は有効である」です。操作 8-7 の LINEST 関数で求めた補正項のうち、係数を標準誤差で割った値が t 値です。

> 練習用ファイル
> 8_7.xlsx

操作 8-8　重回帰式の係数の有効性を検定する

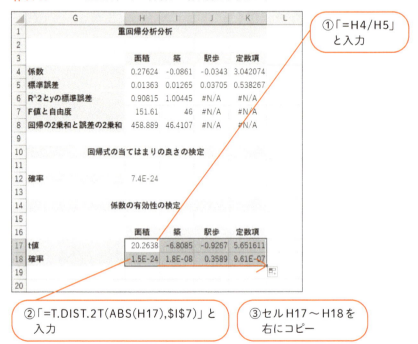

結果は、順に 1.5E－24、1E－08、0.3589、9.61E－07 です。築、面積、定数項に関しては帰無仮説は 0.1% 有意で棄却されます。つまり、これらの係数は有効であると言えます。しかし、駅歩に関しては帰無仮説は棄却できないので、係数は有効であるとは言えない、ということになります。

> 駅からの距離は家賃の予測にはあまり役に立たないのか。
> 重回帰分析も、重回帰分析の検定も便利だなぁ。

エピローグ
epilogue

　データ分析の勉強を終えたツトムくん。一週間で、基本的な考え方から統計量の計算、検定の方法まで、さまざまな知識を身に付けることができました。これで、論文コンテストに向けて、資料やデータの分析ができそうです。そんな成長したツトムくんを見て、市川部長とことり先生が『一週間おつかれさま会』を開いてくれました。

 ずいぶん勉強したようだが、論文の方はどうかな。

はい、執筆に取りかかるのはまだまだですが、ことり先生のおかげで、現状の分析に取り組めそうです。

 社内論文って、みんな形骸化したイベントだと思ってるようだけど、会社の状況を客観的に分析する機会なんだ。

 つまり、より上位のポジションに立てるかどうかの試金石ってことだね。もちろん、仕事の実績も大事だけどね。

すごいプレッシャーですね……。でも、道すじは見えてきました。ありがとうございました！

おしまい

付録 さらなる分析のために

　本書では、一般的なデータ分析に活用できる統計の手法をいくつか紹介しました。しかし、複雑な分析を行いたい場合には、より高度な方法を知る必要があります。ここでは、そのためのガイドとして、分散分析を紹介します。とはいえ、詳しく説明する余裕はないので、詳細な解説は練習用ファイルとともにPDFとして提供しています。

練習用ファイル
furoku.xlsx

分散分析とは

　第7章では、平均値の差の検定を行いました。できるサブレと他社サブレの評価や、男性と女性のインターネット利用時間の違いなどですが、どれも2群の平均値の差の検定でした。では、以下のような3群以上のデータは、どう分析すればいいのでしょうか。

● 図表A-1　職業によるお菓子の購買数の違い（一部のデータ）

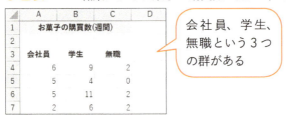

　このような場合、t検定をそのまま使うのではなく、分散分析と呼ばれる手法を使います。以下に結果だけを示しますが、ほとんどが四則演算なので、これまでの知識でできます。

図表 A-2　一元配置分散分析の例

	A	B	C	D	E	F	G	H	I	J	K
1	お菓子の購買数(週間)					一元配置分散分析					
2											
3	会社員	学生	無職			会社員	学生	無職	全		
4	6	9	2		変動	143.2	172.3077	118	510.88		
5	5	4	0								
6	5	11	2				分散分析表				
7	2	6	2								
8	7	4	4			変動	自由度	平均平方	F値	確率	
9	2	1	3								
10	0	7	3		水準間	77.37231	2	38.68615	4.194272	0.021083	
11	6	4	1		水準内	433.5077	47	9.223568			
12	0	13	2		合計	510.88	49				
13	3	1	4								

> 1つの要因(職業)について群の差を見るので、一元配置分散分析と呼ばれる方法を使う

　さらに、職業による違いと性別による違いというように、要因が2つある場合には二元配置分散分析という方法を使います。データは以下のような形式になります。

図表 A-3　二元配置分散分析で使うデータ

職 業／性別	F	M
会社員	0	6
会社員	2	5
⋮	⋮	⋮
学生	9	4
学生	11	6
⋮	⋮	⋮
無職	2	13
無職	0	3
⋮	⋮	⋮

> 要因は職業と性別の2つ。職業は3群、性別は2群となっている

　繰り返し数が同じ（各群のデータ数が同じ）場合は、分析ツールアドインで簡単にできますが、繰り返し数が異なる場合は、計算の手順がかなり長くなるので、Rなどの統計パッケージを使った方が簡単です。練習用ファイルにはあえてExcelでやってみた例と解説も含まれています。

用語集

本書で紹介している統計の用語をアルファベット・50音順でまとめました。解説だけでなく、図解や表なども含めてあるので、分からない用語があったときには、こちらのページを活用してみてください。

μ（ミュー）
母集団の平均を表すための記号。サンプルの平均は $\bar{x}$ と表される。

σ（シグマ）
母集団の標準偏差を表すための記号。母集団の分散は σ^2。なお、サンプルの標準偏差は s、分散は s^2 と表される。

ABC分析
構成比を元に、重要な項目を洗い出す分析方法。上位から、全体の70％までをクラスAとし、最重要項目と位置付け、90％までをクラスBとし、次に重要な項目と位置付ける。それ以外はクラスCとする。売り上げに貢献している商品や、すみやかに対処すべき問題などが分かる。

F検定（エフけんてい）
分散の差の検定のこと。F分布を利用する。F.TEST関数で確率が求められる。

F分布（エフぶんぷ）
分散の差の検定や分散分析で使われる確率分布。グラフにすると右の方に裾野の広い形になる。

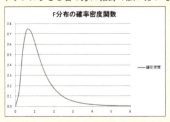

自由度 n_1、n_2 のF分布を数式で表すと以下のようになる。

$$\frac{\Gamma((n_1+n_2)/2)(n_1/n_2)^{(n_1/2)} x^{(n_1/2-1)}}{\Gamma(n_1/2)\Gamma(n_2/2)(1+(n_1/n_2)x)^{((n_1+n_2)/2)}}$$

（$\Gamma(a)$ はガンマ関数）

F.DIST関数、F.DIST.RT関数を使えば簡単に確率密度関数の値や累積分布関数の値が求められる。

t検定（ティーけんてい）
平均値の差の検定のこと。t 分布を利用する。T.TEST関数で確率が求められる。

t分布（ティーぶんぷ）
平均値の差の検定などに使われる確率分布。左右対称のグラフになる。

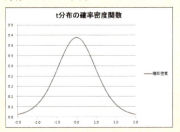

自由度 n の t 分布を数式で表すと以下のようになる。

$$\frac{\Gamma((n+1)/2)}{\sqrt{n\pi}\,\Gamma(n/2)(1+x^2/n)^{((n+1)/2)}}$$

（$\Gamma(a)$ はガンマ関数）

T.DIST関数、T.DIST.RT関数、T.DIST.2T関数を使えば簡単に確率密度関数の値や累積分布関数の値が求められる。

VIF（ブイアイエフ）
分散拡大係数（Variance Inflation Factor）の頭文字を取ったもの。多重共線性があるかどうかの指標となる値。説明変数どうしの相関行列の逆行列を求めたときの対角要素の値。一般にVIFの値が10以上になると多重共線性があると見なされる。

上側確率
→右側確率

回帰式
回帰分析で、目的変数 y と説明変数 x の関係を表した式。

$$y = a_1 \times x_1 + a_2 \times x_2 + a_3 \times x_3 + \ldots b$$

と表される。x_1、x_2、x_3……が説明変数で、a_1、a_2、a_3……が係数。b は定数項。単回帰分析では回帰式は直線の式になる（上で示した回帰直線）。

回帰直線
単回帰分析でいくつかのデータの最も近くを通る直線のこと。回帰直線の係数と切片が求められれば、説明変数を元に目的変数の説明ができる。例えば、気温とビールの売り上げを何回か測定し、回帰直線を引けば、気温がどれぐらいになればビールがどれぐらい売れるかを予測できる。

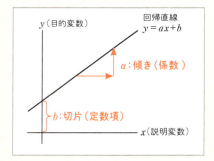

回帰分析
回帰式を求めることにより、説明変数を元に目的変数を説明すること。一般に、説明変数が1つの場合は単回帰分析と呼び、説明変数が複数ある場合は重回帰分析と呼ぶ。LINEST 関数で係数や定数項、そのほかの値が求められる。

階級
度数分布表における区切りのこと。

カイ二乗検定
χ^2 分布を利用した検定。独立性の検定や適合性の検定ができる。CHISQ.TEST 関数に分布の理論値と実測値を指定すれば、確率が求められる。

片側確率
片側検定を行う場合の、検定統計量に対する右側確率（または左側確率）。

片側検定
2群のどちらかが大きいかどうかを検定する場合の検定方法。2群に差があるかどうかを検定する場合は両側検定になる。

幾何平均
すべてのデータを掛け合わせて、その個数乗根を取った値のこと。算術平均に比べて、かけ離れた値の影響を受けにくい。代表値の1つ。相乗平均とも言う。GEOMEAN 関数で求められる。

棄却域（ききゃくいき）
分布の両側確率や片側確率が 5% 以下または 1% 以下になる（有意になる）検定統計量の値の範囲。

●片側検定の場合

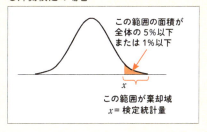

●両側検定の場合

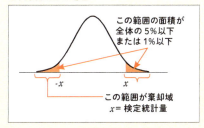

用語集

疑似相関
本来の要因が隠されているため、表面的に相関があるように見えること。例えば、朝食を食べる回数と成績に正の相関が見られる場合、実際に関係があるのは朝食を食べるかどうかではなく、きちんとした生活習慣ができているかどうかということであったりする。

期待値
離散分布において、想定される分布に従っていればその値になるはず、という値。実測値と期待値の差を元にカイ二乗検定を行うことにより、独立性や適合性の検定ができる。

帰無仮説
検定を行うにあたって立てる仮説のこと。通常、棄却したい（無に帰したい）仮説なので、こう呼ばれる。例えば、平均値の差の検定の場合、「平均値は等しい」という帰無仮説を立てるが、気持ちとしてはそれを棄却して、平均値は等しくない（あるいはいずれかが大きい）と言いたいということになる。

寄与率（きよりつ）
回帰式の当てはまりのよさを表す値。相関係数の2乗。LINEST 関数でも求められる。

区間推定
母集団の平均値や分散を、ある程度の幅を持たせて推定すること。例えば、サンプルの個数が30、平均値が60、不偏標準偏差が10のとき、母集団の平均値 μ を 95% 信頼区間で推定すると $56.27 \leq \mu \leq 63.73$ となる。これは、信頼区間を求めることを何度も繰り返すと、求められた信頼区間に母集団の平均が含まれる確率が 95% であるという意味。以下の式で信頼区間が求められる。

- 母集団の分散が分かっている場合

$$\bar{x} - z\left(\frac{a}{2}\right)\frac{標本標準偏差}{\sqrt{N}} \leq \mu \leq \bar{x} + z\left(\frac{a}{2}\right)\frac{標本標準偏差}{\sqrt{N}}$$

- 母集団の分散が分かっていない場合

$$\bar{x} - t_{N-1}\left(\frac{a}{2}\right)\frac{不偏標準偏差}{\sqrt{N}} \leq \mu \leq \bar{x} + t_{N-1}\left(\frac{a}{2}\right)\frac{不偏標準偏差}{\sqrt{N}}$$

ただし、これらの式を使わなくても、信頼区間は CONFIDENCE.NORM 関数や CONFIDENCE.T 関数で求められる。なお、母集団の平均値や分散を1つの値で推定する方法は点推定という。

クロス集計表
列と行に項目の見出しを並べ、その交わった部分に合計や個数などを記入した表。

群（ぐん）
同じ職業や同じ性別などのまとまり（グループ）のこと。水準とも呼ぶ。

係数
回帰式の説明変数 x に掛ける値のこと。単回帰の場合であれば、回帰直線の傾き、つまり、x の値が1増えたときに y の値がどれだけ増減するかを表す。SLOPE 関数、LINEST 関数で求められる。

決定係数
→寄与率

検定
平均値の差や分散の差があるかどうかを、確率的に判定すること。通常「差がない」という帰無仮説を立て、その仮説を棄却することが誤りである確率が 5% 以下または 1% 以下であるときに「有意である」と言い、帰無仮説を棄却して、対立仮説を採用する。

検定統計量
帰無仮説が正しいとすれば、平均値の差や分散の差を元に立てられた数式はどのような分布に従うかということが決まっている。その数式にサンプルのデータを当てはめて求めた値。サンプルから求めた値が、分布の x 軸のどの位置にあるかということが分かる。この値を元に、両側確率や片側確率が求められ、有意かどうかが判定される。確率が簡単に求められないときは、検定統計量が棄却域に入っているかどうかで判断する。

ケンドールの順位相関
順位相関の1つ。2つの項目の順位がどれだけ一致しているかを元に求めた相関係数。

構成比
全体の中で個々の項目が占める割合。各データを総合計で割れば求められる。例えば、各商品の売上金額を全体の売上金額で割れば、商品の売り上げにおける構成比が求められる。

誤差
一般には、測定値と真の値との差。例えば、母集団の平均値を μ、測定値を x_i とすると、誤差 e_i は $x_i - \mu$ となる。

最頻値（さいひんち）
最もよく現れる値のこと。複数の最頻値があることもある。代表値の1つ。離散分布の場合、MODE.SNGL 関数、MODE.MULT 関数で求められる。連続分布の場合は、ヒストグラムの最も高い山の階級の値を最頻値とする。

残差（さんさ）
誤差の推定値のこと。各データの値−平均値で求める。厳密には誤差とは異なるが、ほぼ同じものと考えられる。

算術平均
→平均値

散布図
x と y の値を元に点を描いたもの。いくつかの点の近くを通る近似曲線を表示することもできる。

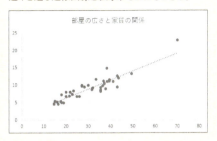

サンプル
母集団から取り出したいくつかのデータのこと。標本とも呼ぶ。

時系列分析
一定の時間間隔（タイムライン）で並んだデータを元に、季節変動を抽出したり、将来の値を予測すること。FORECAST.ETS 関数などを使って予測値などを求める。

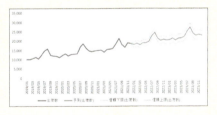

指数関数
$y = b \times m^x$ で表される関数。x の値が増えるにつれ、y の値が急激に大きくなる。

指数三重平滑法
時系列分析において、過去の値よりも最近の値に大きな重みを付けて移動平均を求め、予測に利用する方法。

用語集

四分位数

全体を 1/4 ずつに分けた位置にある値のこと。最初の 1/4 にあたる値が第 1 四分位数で、2/4 つまり 1/2 にあたる値は第 2 四分位数、3/4 にあたる値は第 3 四分位数となる。第 1 四分位数は 25 パーセンタイル値と同じで、第 2 四分位数は中央値と同じ。第 3 四分位数は 75 パーセンタイル値と同じ。QUARTILE.INC 関数や QUARTILE.EXC 関数で求められる。

四分位範囲

第 3 四分位数 − 第 1 四分位数のこと。全体の半分がこの範囲に含まれる。

重回帰分析

→回帰分析

自由度

独立したデータの個数。不偏分散を求める場合には、各データを元に推定された母集団の平均が式の中に含まれているので、データの個数−1 が自由度となる。

順位相関

身長や成績などは尺度の間隔が一定と考えられる（間隔尺度）が、売上の 1 位と 2 位の間隔と 2 位と 3 位の間隔は一定であるとは限らない（順序尺度）。そのような場合に、1 や 2 という値ではなく、1 位、2 位といった順序を使って計算される相関係数。

信頼区間

区間推定で、母集団の平均値や分散が一定の確率で含まれる範囲のこと。例えば、平均値について、95％ 信頼区間というとき、サンプルを取り出し信頼区間を求めるという作業を何度も繰り返すと、それらの信頼区間の中に母集団の平均値が 95％の確率で含まれるということ。CONFIDENCE.NORM 関数や CONFIDENCE.T 関数で求められる。

スタージェスの公式

度数分布表を作るときに、階級をいくつに分けるかという目安になる値を求めるためによく使われる式。

$$1 + \frac{\log_{10} n}{\log_{10} 2}$$

（n はデータ数）

スピアマンの順位相関

順位相関の 1 つ。2 つの項目の順位がどれだけ離れているかを元に求めた相関係数。

正規分布

検定などの基礎となる確率分布の 1 つ。二項分布の試行回数を増やしていくと正規分布に近づく。以下の式で正規分布が求められる。

$$\frac{1}{\sqrt{2\pi}\sigma} e^{-\frac{(x-\mu)^2}{2\sigma^2}}$$

切片（せっぺん）

関数において、x の値が 0 のときの y の値。関数のグラフを描くと y 軸とグラフの曲線または直線との交点にあたる。定数項とも呼ぶ。

説明変数

回帰分析において、目的変数を予測するための元となる変数。単回帰分析の場合、$y=ax+b$ という回帰式の x にあたる変数。

尖度（せんど）

データが平均値の近くにどれだけ集まっているか（あるいは集まっていないか）を表す値。尖度の値が大きいほどデータが平均値の近くに集まった（とがった）分布になる。尖度が0に近いと正規分布に近くなる。KURT関数で求められる。

● 尖度と分布の形の関係

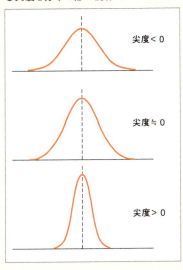

相加平均
→平均値

相関関係
ある変数と別の変数の関係。例えば、気温とビールの売り上げとの関係など。相関関係の強さは相関係数で表される。

相関係数
ある変数と別の変数にどの程度の関係があるかを示す値。相関係数が1に近いと正の相関（一方が増えれば他方も増える）、-1に近いと負の相関（一方が増えれば他方は減る）、0に近ければ無相関となる。相関と因果関係とは異なることに注意。また疑似相関にも注意が必要。CORREL関数で求められる。

相乗平均
→幾何平均

対応のあるデータ
ある群と別の群のサンプルが同じ個体であること。例えば、同じ人が2回のテストを受けた場合、1回目の成績と2回目の成績は対応のあるデータとなる。

対応のないデータ
ある群と別の群のサンプルが独立して取られた個体であること。例えば、異なる人が2回のテストを受けた場合、1回目の成績と2回目の成績は対応のないデータとなる。

代表値
集団の性質を表すための値。平均値（算術平均）がよく使われるが、かけ離れた値がある場合には中央値などが使われることもある。

対立仮説
検定において、帰無仮説と対立するような仮説のこと。例えば、帰無仮説が「A群とB群の平均値には差がない」であれば、対立仮説は「A群とB群の平均値には差がある」「A群の平均値はB群の平均値よりも大きい」「A群の平均値はB群の平均値よりも小さい」の3つが考えられる。

多重共線性
重回帰分析において、似たような性質の説明変数を重複して使っていること。いずれかの説明変数を除外する必要がある。多重共線性は、一般に説明変数間の相関が強いときに見られ、VIFやトレランスの値によって示される。マルチコとも呼ばれる。

中央値
すべてのデータを小さい順に並べたときに中央にある値のこと。データ数が偶数のときは、中央にある2つの値の算術平均を中央値とする。代表値の1つ。MEDIAN関数で求められる。

用語集

中心極限定理
母集団がどのような分布であっても、いくつかのサンプルを取り出して平均値を求めることを何回も繰り返すと、それらの平均値の分布が正規分布に近くなるという定理。

調和平均
各データの逆数の和を個数で割り、さらにその逆数を求めたもの。速度の平均を求める場合などに使われる。HARMEAN 関数で求められる。

点推定
サンプルから得られた平均値や不偏分散を使って、母集団の平均値や分散を1つの値で推定すること。一方、ある程度幅を持たせて推定する方法を区間推定という。

独立性の検定
母集団の分布が特定の離散分布に従っているかどうかの検定。x^2 分布を利用する。CHISQ.TEST 関数で確率が求められる。

度数
値の個数のこと。値そのものではないことに注意。例えば、10、11、16という値があったとき、10以上15未満の度数は2となる。

度数分布表
サンプルの値をいくつかの区間（階級）に区切り、そこに含まれる値がいくつ現れるかを表にしたもの。集団の全体像を見るのによく使われる。FREQUENCY 関数を使えば簡単に作成できる。

より大	以下	人数
0	30	16
30	60	18
60	90	24
90	120	27
120	150	29
150	180	18
180	210	17
210	240	8
240	270	2
270	300	1

トレランス
許容度とも呼ばれる。VIF の逆数。トレランスの値が小さいと、多重共線性が疑われる。

二項分布
サイコロを振った回数に対して1の目が出る確率がいくらになるかといったように、一定の確率 p で起こる事象が n 回のうち x 回起こる確率を表した分布。離散分布の1つ。BINOM.DIST 関数で確率関数の値や累積確率の値が求められる。

ノンパラメトリック検定
母集団の分布などのモデルを前提としない検定の方法。マン・ホイットニー検定はパラメトリック検定の1つ。

パーセンタイル値
全体の中で、下位から何パーセントかの位置にある値のこと。例えば、80パーセンタイル値であれば、下位から数えて80％の位置にある値。この値は上位から数えると20％の位置にあたる。PERCENTILE.INC 関数や PERCENTILE.EXC 関数で求められる。

箱ひげ図
四分位数を利用して、データの分布をグラフ化したもの。第1四分位数から第3四分位数を「箱」で表し、四分位範囲の値を元に「ひげ」を付ける。「ひげ」の外側にある値は、かけ離れた値なので「外れ値」と呼ばれる。

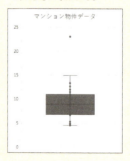

外れ値
集団の中で多くのデータとはかけ離れた位置にある値のこと。

パラメトリック検定
母集団が正規分布に従っているといった一定のモデルを前提とする検定の方法。F検定やt検定などがパラメトリック検定。

パレート図
ABC分析で使われるグラフ。上位から順に棒グラフを描き、それらの累計を折れ線グラフで描く。例えば、累計の軸(右端の軸)の70%の位置から折れ線に向かって横線を引き、折れ線と交わった点で下方向に線を下ろすと、全体の70%を占める項目がどれか分かる。

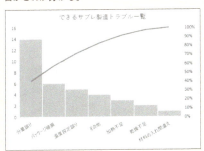

ヒストグラム
度数分布表をグラフにしたもの。Excel 2016では元のデータから簡単に作成できるが、Excel 2013以前では度数分布表を元に棒グラフを作成し、棒と棒の間隔を0にする。

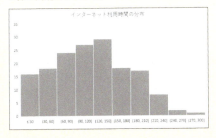

標準正規分布
平均が0、分散が1^2の正規分布のこと。

標準偏差
母集団のデータのばらつきを表す値のこと。分散は値が2乗されており、元の値と比較しにくいので、その平方根を求めて元のデータと単位を同じにしたもの。

標本
→サンプル

標本標準偏差
サンプルが母集団そのものである場合の標準偏差のこと。通常、標本分散の正の平方根が標本標準偏差となる。ただし、文献によっては不偏標準偏差のことを標本標準偏差と呼んでいることもあるので注意が必要。STDEV.P関数で求められる。

標本分散
サンプルが母集団そのものである場合の分散のこと。ただし、文献によっては不偏分散のことを標本分散と呼んでいることもあるので注意が必要。VAR.P関数で求められる。

不偏標準偏差
サンプルを元に求めた母集団の標準偏差の推定値のこと。通常、不偏分散の正の平方根が不偏標準偏差となる。STDEV.S関数で求められる。

不偏分散
サンプルを元に求めた母集団の分散の推定値のこと。VAR.S関数で求められる。

●**標本不偏分散と不偏分散の違い**

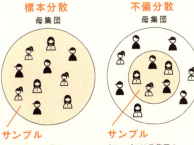

用語集

分散
母集団のデータのばらつきを表す値のこと。VAR.S 関数、VAR.P 関数で求められる。

分散分析
水準間の分散と水準内の分散を比較することによって、水準間の平均値に差があるかどうかを検定する方法。3 群以上の平均値の差の検定や、2 要因の平均値の差の検定などに使われる。

分布
どの値のデータがどれだけ現れるかということ。データの個数を使って表す場合は度数分布となり、データが現れる確率を使って表す場合は確率分布となる。

平均値
すべてのデータを足し合わせて、その個数で割った値のこと。一般に平均値と呼ばれるが、正式には算術平均あるいは相加平均と呼ばれる。代表値として最もよく使われるが、かけ離れた値がある場合には代表値としてふさわしくないことがある。AVERAGE 関数、AVERAGEIF 関数、AVERAGEIFS 関数で求められる。

偏差値
集団の中でどのあたりの位置にいるかを客観的に表す値。平均や標準偏差が異なっても偏差値を使えば比較できるようになる。以下の式で偏差値が求められる。

偏差値 $= \dfrac{x_i - \mu}{s} \times 10 + 50$

(x_i は各データ、μ は平均、s は標本標準偏差)

変数
さまざまな値を取ることを表す文字や名前のこと。一般に x や y などで表される。例えば、いくつかある営業所の人数を x で表したり、毎年の売上金額を y で表すなど。

母集団
調査対象となる全体のこと。母集団から取り出した一部の人やモノのことをサンプルまたは標本と呼ぶ。例えば、女性の意識調査を行うために 100 人にアンケートを取った場合、母集団は女性全体、サンプルは、アンケートを取った 100 人の女性となる。

マン・ホイットニー検定
母集団が正規分布に従っていない場合に使われる平均値の差の検定。実際には中央値の差の検定となっている。ノンパラメトリック検定の 1 つ。

右側確率
確率分布において、横軸の値がある値よりも大きな値である確率。上側確率ともいう。

●右側確率

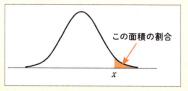

無相関の検定
相関があるかどうかの検定。t 分布を利用する。

目的変数
回帰分析において、説明変数を使って予測したい変数。単回帰分析の場合、$y = ax + b$ という回帰式の y にあたる変数。

有意差
検定において、帰無仮説を棄却したときにそれが誤りである確率が 5% あるいは 1% 以下であること。有意差がある場合は、帰無仮説を棄却しても間違いはないと考えられるので、「母集団の平均に差はない」といった帰無仮説を棄却し、「母集団の平均に差がある」といった対立仮説を採用する。

有意水準
検定において、帰無仮説を棄却するかどうかの基準となる確率。5%または1%を使うのが普通。統計検定量に対する両側確率や片側確率が有意水準以下なら帰無仮説が棄却され、有意差があると見なされる。

離散分布
x軸の値が連続していない確率分布のこと。二項分布やポアソン分布などさまざまなものがある。

●離散分布

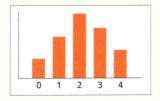

両側検定
2群に差があるかどうかを検定する場合の検定方法。どちらかが大きいかどうかを検定する場合は片側検定になる。

連続分布
x軸の値が連続している確率分布のこと。正規分布やt分布、F分布などさまざまなものがある。

●連続分布

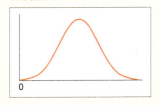

歪度（わいど）
分布のゆがみを表す値。歪度が正の値であれば平均値よりも左の方に山がある（右の方の裾野が広い）分布になり、負の値であれば右の方に山がある（左の方の裾野が広い）分布になる。0に近ければ左右対称の分布になる。SKEW関数で求められる。

●歪度と分布の形の関係

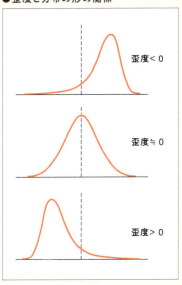

索引

数字・記号・アルファベット

100% 積み上げ縦棒グラフ　221
χ^2（カイジョウ）　218, 241
μ（ミュー）　89, 91, 240
Σ（シグマ）　82
σ（シグマ）　91, 240
AAA バージョン　168
ABC 分析　124, 240
AVERAGE　54, 59, 72
AVERAGEIF　56
CHISQ.TEST　223
CONFIDENCE.NORM　90
CONFIDENCE.T　90
CORREL　133, 157
COUNT　142
COUNTIFS　41, 218
F.DIST.RT　213, 232
F.TEST　210
FORECAST.ETS　169, 174
FORECAST.ETS.CONFINT　173
FORECAST.ETS.SEASONALITY　168
FORECAST.LINEAR　148
FREQUENCY　43
F 検定　212, 240
F 値　212, 232, 234
F 分布　212, 240
GEOMEAN　58
HARMEAN　58
INTERCEPT　146
KURT　76
LARGE　113
LINEST　154, 232
MAX　36
MEDIAN　60, 72
MIN　36
MINVERSE　157
MODE.MULT　62
MODE.SNGL　62
NORM.DIST　98
NORM.INV　99
NORM.S.DIST　206
NORM.S.INV　90
PERCENTILE.EXC　114
PERCENTILE.INC　114
PERCENTRANK.EXC　110
PERCENTRANK.INC　110
p 値　185, 193, 194
QUARTILE.EXC　116
QUARTILE.INC　116
RANK.AVG　107
RANK.EQ　107
ROUNDDOWN　38
ROUNDUP　38
SKEW　74
SLOPE　146
SMALL　113
SQRT　85
STDEV.P　86
STDEV.S　79, 86
SUM　142
T.DIST.2T　229, 235
T.DIST.RT　198, 201
T.INV　91
T.INV.2T　91
T.TEST　180, 190
TEXT　91
TREND　151
t 検定　180, 240
　　対応のあるデータ　180
　　対応のないデータ　188, 190
t 値　196, 198, 200
t 分布　195, 240
VAR.P　86, 88
VAR.S　79, 85, 86
VIF　157, 240
$\bar{x}$（エックスバー）　82, 91

アンスタック形式　29
アンダーフロー　46
一元配置分散分析　239

因果関係　*140*
上側確率　*241*
円グラフ　*19, 123*
オーバーフロー　*46*
折れ線グラフ　*166*

カ

回帰式　*145, 150, 241*
回帰直線　*241*
回帰分析　*20, 145, 241*
　　重回帰分析　*151*
階級　*34, 36, 45, 241*
　　階級数　*38*
　　階級値　*63*
　　階級の幅　*38*
　　最小値　*36*
　　最大値　*36*
カイ二乗検定　*218, 241*
確率　*96*
確率分布　*101*
仮説検定　*194*
片側確率　*241*
片側検定　*180, 184, 192, 241*
　　分散の差の検定　*211, 214*
間隔尺度　*144, 218*
関数
　　F検定　*210*
　　t検定　*180, 190*
　　カイ二乗検定　*218*
　　逆行列　*159*
　　最小値　*36*
　　最大値　*36*
　　最頻値　*62*
　　時系列分析　*168*
　　順位　*107*
　　信頼区間　*90, 173*
　　正規分布の確率　*98*
　　絶対参照　*40*
　　尖度　*76*
　　相関係数　*133*
　　相乗平均　*58*
　　相対参照　*40*
　　中央値　*60, 72*

調和平均　*58*
データの個数　*41, 199*
配列数式　*44, 63*
標本標準偏差　*86*
標本分散　*79, 88*
不偏標準偏差　*79, 86*
不偏分散　*79, 88*
平均値　*54, 59, 72, 199*
歪度　*74*
幾何平均　*58, 241*
棄却　*182*
棄却域　*241*
疑似相関　*242*
期待値　*223, 242*
帰無仮説　*182, 186, 188, 211, 242*
逆行列　*158*
境界値　*39, 66*
共分散　*136*
寄与率　*242*
近似曲線　*132*
区間推定　*89, 242*
グラフ　*64*
　　100%積み上げ縦棒グラフ　*221*
　　円グラフ　*123*
　　折れ線グラフ　*166*
　　グラフの種類の変更　*222*
　　散布図　*131*
　　集合縦棒グラフ　*65*
　　箱ひげ図　*118*
　　パレート図　*125*
　　ヒストグラム　*45*
　　ピボットグラフ　*70*
クロス集計表　*218, 242*
群　*242*
係数　*146, 242*
決定係数　*242*
検定　*20, 180, 242*
　　F検定　*210*
　　t検定　*180*
　　カイ二乗検定　*218*
　　係数の有効性の検定　*232, 235*
　　重回帰分析の検定　*232*
　　相関係数の検定　*229*
　　中央値の差の検定　*204*

ノンパラメトリック検定　204
　　　パラメトリック検定　204
　　　分散の差の検定　210
　　　平均値の差の検定　180, 204
　　　マン・ホイットニー検定　206, 208
　　　無相関の検定　229
検定統計量　196, 200, 205, 243
構成比　121, 242
誤差　243

最小値　36
最大値　36
最頻値　62, 243
残差　84, 135, 243
算術平均　54, 58, 243
散布図　19, 131, 243
サンプル　87, 243
時系列分析　20, 166, 243
指数関数　243
指数三重平滑法（ETS）　168, 243
四分位数　19, 116, 244
四分位範囲　116, 244
尺度　144
重回帰分析　20, 151, 244
　　　名義尺度　160
集合縦棒グラフ　65
自由度　90, 201, 244
順位　107
順位相関　142, 244
　　　ケンドールの順位相関　143
　　　スピアマンの順位相関　142
順序尺度　144, 154
信頼区間　90, 172, 244
スタージェスの公式　43, 244
スタック形式　28
　　　アンスタック形式　29
スピアマンの順位相関　142, 244
正規分布　96, 106, 244
絶対参照　40
切片　146, 244
説明変数　145, 151, 156, 244
尖度　76, 245

相加平均　58, 245
相関関係　140, 245
　　　正の相関　133
　　　負の相関　133
　　　無相関　133
相関係数　19, 133, 150, 245
相乗平均　58, 245
相対参照　40

対応のあるデータ　180, 245
対応のないデータ
　　　　　　　189, 191, 192, 245
代表値　54, 245
　　　最頻値　62
　　　中央値　59, 71
　　　平均値　54
対立仮説　182, 184, 186, 245
多重共線性　156, 245
ダミー変数　160
単回帰分析　145
中央値　18, 59, 71, 245
中心極限定理　202, 246
調和平均　58, 246
直接確率計算法　228
定数項　146, 151
　　　0のとき　148, 153, 156
点推定　89, 246
統計検定量　196
等分散　189, 198
独立性の検定　223, 246
度数　34, 45, 218, 246
度数分布表　18, 34, 41, 246
トレランス　159, 246

二項分布　101, 246
二元配置分散分析　239
ノンパラメトリック検定　204, 246

252

パーセンタイル　19, 114, 246
配列数式　43, 63
バイアス　25
箱ひげ図　19, 118, 246
外れ値　116, 120, 247
パラメトリック検定　204, 247
パレート図　19, 124, 247
ヒストグラム　18, 35, 45, 63, 247
　　Excel 2013 で作成　48
　　Excel 2016 で作成　46
左側確率　207
非等分散　192
ピボットグラフ　70
ピボットテーブル　70
標準誤差　235
標準正規分布　90, 102, 207, 247
標準偏差　18, 78, 80, 96, 247
標本　247
標本標準偏差　80, 86, 247
標本分散　86, 247
ビン　46
不偏標準偏差　79, 80, 85, 88, 247
不偏分散　79, 83, 86, 198, 247
分散　78, 80, 248
分散の差の検定　210, 214
分散分析　238, 248
分布　50, 71, 248
平均値　18, 54, 248
　　ピボットテーブル　70
平均値の差の検定　180, 204, 206
偏差値　19, 105, 248
変数　248
棒グラフ　18, 45, 64
　　Excel 2013 で作成　48
　　Excel 2016 で作成　46
母集団　86, 248
補正項　232

マン・ホイットニー検定　206, 208, 248
右側確率　194, 201, 248
無相関　133
無相関の検定　248
名義尺度　144, 154, 160
目的変数　145, 248
文字列　42

有意差　248
有意水準　190, 249
予測シート　171

離散分布　101, 249
両側検定　184, 192, 209, 249
　　分散の差の検定　209
理論分布　96
累積確率　98
レコード　28
連続分布　101, 249

歪度　73, 249

・本書で紹介する操作はすべて 2018 年 6 月現在の情報です。
・本書では「Windows 10」と「Microsoft Office 365 ProPlus」がインストールされているパソコンで、インターネットが常時接続されている環境を前提に画面を再現しています。なお、Mac の場合、操作が異なりますのでご注意ください。
・本書は 2015 年 2 月発刊の『できるやさしく学ぶ Excel 統計入門 難しいことはパソコンにまかせて仕事で役立つデータ分析ができる本』を元に大幅加筆修正し、より分かりやすく再編集したものです。一部に重複する内容があることを、ご了承ください。
・本文中では、「Microsoft®Office Excel 2016」のことを「Excel 2016」、「Microsoft®Office Excel 2013」のことを「Excel 2013」または「Excel」と記述しています。
・本文中で使用している用語は、基本的に実際の画面に表示される名称に則っています。
・「できる」「できるシリーズ」は株式会社インプレスの登録商品です。本書に記載されている会社名、製品名、サービス名は、一般に各開発メーカおよびサービス提供元の登録商標または商標です。なお、本文中には ™ および ® マークは明記していません。

本書のご感想をぜひお寄せください
https://book.impress.co.jp/books/1117101117

読者登録サービス CLUB impress

アンケート回答者の中から、抽選で図書カード(1,000円分)などを毎月プレゼント。
当選者の発表は賞品の発送をもって代えさせていただきます。
※プレゼントの賞品は変更になる場合があります。

著者

羽山 博
は　やま　ひろし

京都大学文学部哲学科（心理学専攻）を卒業。NECでユーザーや教員や社内SE教育を担当したのち、ライターとして独立。ソフトウェアの基本からプログラミング、認知科学、統計学まで幅広く執筆。読者の側に立った分かりやすい表現を心がけている。2006年に東京大学大学院学際情報学府博士課程を単位取得後退学。現在有限会社ローグ・インターナショナル代表取締役、日本大学、青山学院大学、お茶の水女子大学、東京大学講師。

著書に『できる大事典 Excel 関数 2016/2013/2010 対応』『できるポケット Excel 関数全事典 2013/2010/2007 対応』『できる逆引き Excel 関数を極める勝ちワザ 740 2013/2010/2007/2003 対応』『できる大事典 Windows10 Home/Pro/Enterprise 対応』（以上共著、インプレス刊）、『基礎 Visual Basic2015』『できる やさしく学ぶ Excel 統計入門』（以上、インプレス刊）、『スピードマスター 1 時間でわかる Excel データ分析超入門』（技術評論社）などがある。

STAFF

ブックデザイン	大場君人
イラスト	須山奈津希
DTP制作	町田有美・田中麻衣子
デザイン制作室	今津幸弘〈imazu@impress.co.jp〉
	鈴木 薫〈suzu-kao@impress.co.jp〉
制作担当デスク	柏倉真理子〈kasiwa-m@impress.co.jp〉
編集	平田 葵〈hirata-a@impress.co.jp〉
デスク	井上 薫〈inoue-ka@impress.co.jp〉
編集長	藤井貴志〈fujii-t@impress.co.jp〉

本書は、Excel 2016/2013/2010 を使ったパソコンの操作方法について2018年6月時点での情報を掲載しています。紹介しているハードウェアやソフトウェア、各種サービスの使用方法は用途の一例であり、すべての製品やサービスが本書の手順と同様に動作することを保証するものではありません。

本書の内容に関するご質問は、書名・ISBN（奥付ページに記載）・お名前・電話番号と、該当するページや具体的な質問内容を明記のうえ、インプレスカスタマーセンターまでメールまたは封書にてお問い合わせください。電話やFAX等での対応はしておりません。

なお、以下のご質問にはお答えできませんのでご了承ください。
・書籍に掲載している手順やデータ以外の質問
・ハードウェアやソフトウェアの不具合に関するご質問
・本書の内容に直接関係のないご質問
本書の利用によって生じる直接的または間接的被害について、著者ならび、弊社では一切責任を負いかねます。あらかじめご了承ください。

■商品に関する問い合わせ先
このたびは弊社商品をご購入いただきありがとうございます。
本書の内容などに関するお問い合わせは、下記のURLまたは二次元バーコードにある問い合わせフォームからお送りください。

https://book.impress.co.jp/info/

上記フォームがご利用いただけない場合のメールでの問い合わせ先
info@impress.co.jp

※お問い合わせの際は、書名、ISBN、お名前、お電話番号、メールアドレスに加えて、「該当するページ」と「具体的なご質問内容」「お使いの動作環境」を必ずご明記ください。なお、本書の範囲を超えるご質問にはお答えできないのでご了承ください。

●電話やFAXでのご質問には対応しておりません。また、封書でのお問い合わせは回答までに日数をいただく場合があります。あらかじめご了承ください。
●インプレスブックスの本書情報ページ　https://book.impress.co.jp/books/1117101117 では、本書のサポート情報や正誤表・訂正情報などを提供しています。あわせてご確認ください。
●本書の奥付に記載されている初版発行日から3年が経過した場合、もしくは本書で紹介している製品やサービスについて提供会社によるサポートが終了した場合はご質問にお答えできない場合があります。

■落丁・乱丁本などの問い合わせ先
FAX 03-6837-5023
service@impress.co.jp
※古書店で購入されたものについてはお取り替えできません。

やさしく学ぶ
データ分析に必要な統計の教科書（できるビジネス）

2018年6月21日　初版発行
2025年4月11日　第1版第8刷発行

著者　　羽山 博
発行人　土田米一
編集人　髙橋隆志
発行所　株式会社インプレス
　　　　〒101-0051 東京都千代田区神田神保町一丁目105番地
　　　　ホームページ https://book.impress.co.jp/

本書は著作権法上の保護を受けています。本書の一部あるいは全部について（ソフトウェア及びプログラムを含む）、株式会社インプレスから文書による許諾を得ずに、いかなる方法においても無断で複写、複製することは禁じられています。
Copyright© 2018 Rougue International. All rights reserved.
印刷所　株式会社ウイル・コーポレーション
ISBN 978-4-295-00365-6　C3033
Printed in Japan